Anonymus

Aufklärungen über ungarische Zeitfragen

Anonymus

Aufklärungen über ungarische Zeitfragen

ISBN/EAN: 9783742895486

Hergestellt in Europa, USA, Kanada, Australien, Japan

Cover: Foto ©Thomas Meinert / pixelio.de

Manufactured and distributed by brebook publishing software (www.brebook.com)

Anonymus

Aufklärungen über ungarische Zeitfragen

Aufklärungen

über

ungarische Zeitfragen.

On périt quelquefois par trop de fermeté.
Voltaire. Tragédie: Le Fanatisme.

Barbarus hic ego sum
Quia non intelligor illis.
Ovidius, libr. Trist.

WIEN, 1863.
Wilhelm Braumüller
k. k. Hofbuchhändler.

Anmerkung des Verfassers.

Mit rhetorischen Zierlichkeiten, mit schönen Phrasen, mit welchen bisher operirt, und die kostbarste Zeit vergeudet wurde, hat man die ungarische Frage mehr verdunkelt, als geklärt, mehr verwirrt als entwirrt, ihre Lösung mehr erschwert als erleichtert. Reine Ueberzeugungen ohne Parteilichkeiten, ohne Leidenschaftlichkeiten, offene, aufrichtige, ungeblümte aber fassliche Sprache ohne Affectionen, gegenseitige mit ruhigem Gemüthe gehaltene Aufklärungen und wo möglich Verständigungen, das ist die Aufgabe, das höchste Gebot unserer verhängnissvollen Tage, der eilften Stunde unserer leidenden Zustände, von welcher allem Anscheine nach die zwölfte und vielleicht die letzte Stunde Ungarns nicht mehr ferne ist.

Geschrieben in Ungarn, am 12. Juni 1863.

Inhalt.

	Seite
Anmerkung des Verfassers	
I. Einleitung	1
II. Das Provisorium des Jahres 1849	3
III. Das Provisorium vom 5. November 1861	9
IV. Die öffentlichen Lasten seit 1849	12
V. Zwei politische Todsünden Ungarns	14
VI. Die Verfassung vom Jahre 1848	18
VII. Noch ein wesentliches Uebel der Verfassung des Jahres 1848	30
VIII. Das Entstehen der Verfassung vom 26. Februar 1861	35
IX. Die Februarverfassung und die Gesetzlichkeit des historischen Rechtsbodens Ungarns	40
X. Von der vermeintlichen Verwirkung der staatsrechtlichen Institutionen Ungarns	46
XI. Ueber die Verantwortlichkeit der Legislative für die staatsrechtlichen Institutionen Ungarns alter und neuerer Zeit	52
XII. Ueber den Ausgleich der ungarischen Frage	55
XIII. Die politischen Gesinnungen und der Terrorismus des Nimbus	62
XIV. Die Nationalitäten der staatsrechtlichen Institutionen Ungarns und die öffentliche Meinung	65
XV. Ueber die Politik der Passivität und des Zuwartens	69
XVI. Schluss	75

I.

Einleitung.

Wer seine Gedanken vor der Oeffentlichkeit vernehmlich macht, darf sich nie verhehlen, dass er Andersdenkenden begegnen werde, welche ihn entweder öffentlich bekämpfen, oder dies nur in stillen Gedanken thun werden, ohne ihren Gegenmeinungen einen öffentlichen Ausdruck zu geben. Wir sind darauf mehr gefasst als mancher Andere, der die öffentliche Bühne besteigt, da es sich nicht verkennen lässt, dass der seit dem 20. October 1860 in Ungarn mit Wort und Schrift hervorgerufene und herrschend gewordene Geist eine politische Richtung geschaffen hat, welche es etwa als einen Landesverrath ansehen und nicht begreifen wird, wie man einer Politik, die man in Ungarn als feindselig verdammt, das Wort reden oder darüber eine Apologie schreiben könne.

Mögen unsere Gesinnungsgegner mit offenem Visir gegen uns auftreten, oder mit anonym veröffentlichten Gedanken uns bekämpfen, wir werden in beiden Fällen auf Alles, was sich ohne Exaltationen gegen unser Ansinnen einwenden lässt, *quantocius* antworten.

Wir werden Thatsachen, lebendige Ereignisse, welche wir und unsere Gegner miterlebt und mitangesehen haben, sprechen lassen, worüber wir uns selbst das beste Zeugniss ausstellen können. Wenn nun constatirte Thatsachen eigener beiderseitiger Anschauungen für unsere politischen Gesinnungen sprechen, dann kann man uns wohl bekämpfen, aber nie und nimmer widerlegen. Mit lebendigen, sicheren Zeugnissen eigener Anschauung constatirte Thatsachen lassen sich ja nicht wegläugnen, wie soll man dann darauf beruhende Meinungen wegstreiten können. Man wolle uns gütigst anhören.

Man hat seit dem 20. October 1860 die Dictatur und das Provisorium, mit welchem in Folge der beklagenswerthen Ereignisse des Jahres 1848 zur Rettung der in ihren Grundbedingungen erschütterten öffentlichen Ordnung und der bedrohten Integrität des österreichischen Gesammtstaates aufgetreten wurde, mit einem von der Hitze der Leidenschaftlichkeit erglühten politischen Rausche angegriffen; man hat das gouvernementale Einschreiten vom Jahre 1849 und das Gebahren des zehnjährigen Provisoriums als eine Willkürherrschaft und einen Gewaltstreich gegen die Geschichte und die Errungenschaften Ungarns beschuldigt, dagegen in Wort und Schrift mit Noth- und Hülferufen, mit Schmähungen und Lästerungen ohne Maass, Zahl und Ende die Lüfte des In- und Auslandes bis in den Himmel erfüllt, Jene, die den Ton ähnlicher Gehässigkeiten nicht mit anstimmen, oder sich dafür nicht begeistern wollten, als Feinde oder Verräther des Vaterlandes verhöhnt oder verfolgt. Man hat mit diesen Einschüchterungen, Schmähreden oder Schmähschriften das Vertrauen zwischen Oben und Unten erschüttert, dazwischen eine beinahe unübersteigbare Kluft gebildet, wo eine Aussöhnung oder eine Rückkehr des tiefuntergrabenen Vertrauens fast an Unmöglichkeit gränzt.

Eine Aufklärung darüber dürfte als ein tief gefühltes Bedürfniss, als ein unerlässliches Postulat unserer Zeit uns gestattet sein und billigerweise selbst von unseren entschiedensten Gegnern nicht verübelt werden.

II.
Das Provisorium des Jahres 1849.

Oesterreich wurde von der Revolution des Jahres 1848 als ein von den Gewaltstreichen der Anarchie verwüsteter, in seinem Organismus zertrümmerter Staat mit allen jenen Nachwehen, welche Kriege und Revolutionen gewöhnlich zurücklassen, übernommen, wo Alles von vornher neugeschaffen werden musste, wo die Aus- und Durchführung dieses Neubaues unmittelbar nach der bewältigten Revolution, deren Wogen sich kaum gelegt hatten, in Angriff genommen werden musste.

Ein guter Architekt, welcher ein Gebäude errichten will, prüft zuerst den Boden und untersucht, ob er fähig ist, die Last des aufzuführenden Baues zu tragen. Dasselbe thut auch ein weiser Gesetzgeber, welcher ein Gebäude der Staatseinrichtungen errichten will. Diese nämliche Vorsicht brauchte auch der souveraine Machthaber Oesterreichs, als er auf dessen Boden den Bau neuer Staatseinrichtungen nach den Ereignissen des Jahres 1848 in Angriff nehmen wollte. Er that Alles, was ein Fürst thun konnte, der die ganze Gewalt nicht an sich reissen und seine Völker von jeder Theilnahme an den öffentlichen Angelegenheiten nicht ausschliessen will. Er liess einen constituirenden Reichstag in Wien und dann in Kremsier tagen, und die Grundlagen der Neugestaltung Oesterreichs berathen. Diese Verhandlungen nahmen sich aber zum Vorbilde das Gebahren der einstigen constituirenden Nationalversammlung der rothen Republik Frankreichs, unter welcher dies unglückliche Land einst sich in seinem eigenen Blute badete. Wer erinnert sich nicht noch heutiges Tages mit Entsetzen der Erklärung der Menschenrechte, mit welcher der österreichische Reichstag, von welchem hier die Rede ist, debütirte; er copirte dieses Actenstück blutigen Andenkens, womit einst das erste Signal zu jener Explosion gegeben worden war, welche Frankreich mit Tod und Verderben überzog, und ganz Europa mit seinen Thronen in eine Brandstätte zu verwandeln drohte.

Dies Gebahren des österreichischen Reichstages berechtigte zu den schwärzesten Ahnungen, zu Besorgnissen unheilvollster Eventualitäten. Angesichts der revolutionären Stürme in Ungarn, welche den monarchischen Thron Oesterreichs bedrohten, war Oesterreich nahe daran, mit der zu Kremsier in die Verhandlung gezogenen Erklärung der Menschenrechte nächster Tage in jene Tod und Verderben bringende Fluthen gestürzt zu werden, in welche Frankreich mit der von seiner einstigen constituirenden Versammlung zum Beschluss erhobenen, aus scholastischen Theorien compilirten Erklärung der Menschenrechte geschleudert wurde. Oesterreich stand mit diesem Gebahren seines Reichstags auf dem Punkte, unter die grausamste Tyrannei einer Republik gebeugt zu werden, um in dem Wirrsale ungesunder Freiheits- und Rechtsbegriffe, in brudermörderischen Bürgerkriegen sich zu zerfleischen, und als Staat mit seinem tausendjährigen monarchischen Throne, mit seinen nationalen Reichthümern unter seinem eigenen Schutte sich zu begraben. Konnte der allerhöchste Machthaber Oesterreichs diesen gewitterschwangern Utopien mit den Händen im Schoosse unthätig zusehen? Lag es nicht in seiner Regentenaufgabe, den Drohungen der Eventualitäten, welche die improvisirte Erklärung der Menschenrechte des Kremsierer Reichstages in sich barg, mit einem drastischen Mittel zur Hilfe zu eilen? War es nicht unter solchen Umständen eine heilige gebieterische Pflicht des Besitzers des welthistorischen, ruhmvollen, von seinen erlauchten Ahnen ererbten monarchischen Thrones Oesterreichs, den Stürmen eines kommenden Gewitters die Stirne zu bieten, Oesterreich zu retten, und jedes von der Situation gebotene Mittel zur Abhilfe zu ergreifen?

Das Uebel muss im Entstehen, bevor es noch ausgebrochen ist, angegriffen werden. Gegen ein schon ausgebrochenes Uebel ist die Hilfe oft ohne Erfolg, oft kommt sie zu spät. Will man eine Krankheit heilen, muss man sie an der Wurzel fassen, sonst ist sie nur unterdrückt, nicht gehoben, sie wird recidiv, erneuert sich bald in verschlimmertem und vergrössertem Maassstabe, und bringt den Tod. In den ersten Monaten des Jahres 1849, wo eben der österreichische Reichstag in Kremsier der ominösen Erklärung der Menschenrechte der einstigen constituirenden Verhandlung der rothen Republik Frankreichs nachbetete, stand Oesterreich in hellen Flammen einer noch nicht bewältigten Revolution und des damit in allen Ecken und Enden der Monarchie entbrannten Bürgerkrieges, die Ereignisse überstürzten sich mit jedem Tage, jede versäumte Stunde drohte mit neuen Explosionen. Die Wichtigkeit der Situation und des Augenblickes gebot ein eben so rasches als energisches Auftreten, eine Abhilfe ohne Verzug auch einer Stunde, und alles dieses bedingte einen Kaiserschnitt. Der übel berathene österreichische Reichstag musste gesprengt werden, und Oesterreich war mit der Octroyirung der Charte vom 4. März 1849 gerettet. Die Mutter lässt in Geburtswehen, welche ihr Leben bedrohen, an ihrer Frucht den Accoucheur eine Grausamkeit begehen, sie lässt freiwillig ihre Frucht tödten, opfert das Kind, um ihr Leben zu retten. Bald aber musste man sich überzeugen, dass auch zu der Charte vom 4. März 1849 der Boden damaliger Zeit nicht haltbar sei, dass auch da der gute Wille und die edelste Absicht scheitern müsse. Nach bewältigter Revolution glich Oesterreich einem Meere nach ausgetobtem Orkane, wo die Wogen noch hie und da sich bäumend das Staatsschiff mit der Gefahr bedrohten, es an Klippen und Felsenriffen zu zerschellen. Das österreichische Staatsgebäude war von den Gewaltthaten der Anarchie unter den Stürmen der Revolution ganz aus den Fugen gegangen, und obwohl mit Noth aus dem Sturme gerettet, war sein Gefüge nicht mehr brauchbar, sondern musste in seinen untersten Grundlagen ganz neu gebaut, und in seinen zerrütteten Formen ganz neu gestaltet werden; es durfte nicht mehr wie das zerstörte nur lose verbunden, sondern musste in eine festere Form vereinigt werden.

Dagegen hinterliess die eben gebändigte Revolution bewegte Gemüther, sie hinterliess Krisen und Krankheitsstoffe, welche mit Rückfällen in schlimmere Grade und grössere Dimensionen drohten. Eine so bedenkliche Lage liess sogar Todesstösse befürchten, wenn man unter oben angegebenen Umständen den von der Revolution im Zustande der Anarchie übernommenen Staat auch nur einige

Tage ohne Einrichtungen liesse. Eine rasche, möglichst schnelle Schöpfung neuer Staatseinrichtungen war eine von der Situation gebotene eiserne Nothwendigkeit und jeder Augenblick Versäumniss trug in sich die schwersten Verantwortungen, welche auf der souveränen Macht lasteten. Es handelte sich noch einmal um die Rettung Oesterreichs, es musste noch ein Kaiserschnitt versucht werden.

Ein Staat ohne Einrichtungen gleicht einer Anarchie, und wenige Stunden Anarchie sind genug, um einen Staat zu verderben. Unter solchen Umständen mussten die Staatsmänner, welche damals der Krone Oesterreichs als Räthe dienten, einsehen, dass Alles auf dem Spiele stehe, dass es um Oesterreich geschehen wäre, wenn man die bevorstehenden Staatseinrichtungen von den Schwierigkeiten und Hindernissen parlamentarischer Debatten, von den Berathungen eines im Sinne der Charte vom 4. März 1849 einzuberufenden Parlaments abhängig machen würde. Man konnte und durfte nicht zulassen, dass in so verhängnissvollen Augenblicken die oberste gouvernementale Macht bei der Lösung ihrer Organisirungsaufgabe in ihrer Kraftentwickelung nach welcher Seite immer gelähmt, im Zuge ihrer Action aufgehalten, von parlamentarischen Kämpfen beirrt, oder behindert werde. Der Knoten war zu verworren, um im Wege parlamentarischer Berathungen glücklich gelöst, um nicht *trop tard* entwirrt zu werden. Es war eine heilige Pflicht damaliger Räthe der Krone, den Knoten mit dem Hiebe eines macedonischen Alexanders zu zerhauen. Die oberste Macht musste um den Preis ausserordentlicher Opfer gekräftigt werden, um ihrer ausserordentlichen Aufgabe der neuen staatlichen Schöpfung gewachsen zu sein.

Die Dictatur ist ein Nothanker, an welchen sich die freiesten Völker in den Tagen der Gefahr klammern, wo sie aus eigenem Antriebe, von freien Stücken ihre freiesten Institutionen suspendiren, um sich unter das Joch der unumschränktesten Macht, der Dictatur zu beugen. Es ist damit von den Völkern selbst anerkannt, dass es im Staatsleben Krisen gebe, wo alle freien Institutionen schwinden und einer einheitlichen Kraft, eiserner Unerbittlichkeit weichen müssen, dass es in den parlamentarischen Staatseinrichtungen Unformen gebe, welche, wenn sie auch an und für sich kein Uebel wären, schon deswegen der Rettung in den Tagen der Gefahr hinderlich sein können, weil bei parlamentarischen Discussionen oft unrichtige Auffassungen, oft Kämpfe verschiedener sich gegenüberstehender Parteien, oder Stösse und Gegenstösse ihrer Leidenschaften, oft ein hartnäckiger Wahn politischer Exaltationen, ja selbst begründete Erwägungen die kostbarste Zeit rauben, und wenn die Rettung von Augenblicken abhängt, den Staat, während man über sein Wohl zu Rathe sitzt, in's Verderben stürzen. Oesterreich musste in seinen Tagen der Gefahr gerettet werden, und musste sich an den Nothanker der Dictatur um den Preis der Charte vom 4. März 1849, um den Preis der historischen Errungenschaften Ungarns festklammern.

Die parlamentarischen Schönredner und die Tagespresse Ungarns, welche in diesem Einschreiten unerbittlicher Nothwendigkeit eine gewaltsame Willkür gegen die historischen Institutionen Ungarns erblicken, übersehen dabei:

Dass nach den staatsrechtlichen Begriffen die Dictatur die Landesgesetze — mögen sie privatrechtlich oder staatsrechtlich bestehen — suspendirt und ihrer Alleinherrschaft unterstellt;

dass vor dieser Dictatur Ungarn und Pest im Jahre 1848 der Brennpunkt einer Revolution waren, deren Dimensionen nicht nur die Integrität der gesammt-österreichischen Monarchie, sondern mit dem Beschlusse des Debreeziner Rumpfparlamentes auch den allerhöchsten Thron in Frage gestellt haben;

dass die Hydra der Anarchie, die Revolutionstribunale und Blutgerichte, bewaffnete Guerillabanden, brudermörderische Bürgerkriege in Ungarn, wie in keinem anderen Lande Oesterreichs getobt, gegen das Leben, Vermögen, Eigenthum, persönliche Sicherheit und öffentliche Ordnung, Vandalismen verübt haben, vor welchen ein tartarischer Khan zurückschaudern würde;

dass im Drange so gebieterischer Umstände die Alleinherrschaft der Dictatur der einzige Rettungsanker war, an welchem das Staatsschiff angeklammert werden konnte.

III.

Das Provisorium vom 5. November 1861.

Seit dem 20. October 1860 hat man zwar nicht, wie im Jahre 1848, Armeen recrutirt und bewaffnet gegen Oesterreich und den königlichen Thron in den Krieg geführt; man hat aber die königliche Legitimität des allerhöchsten Trägers der souveränen Macht Ungarns in der Tagespresse, sowie in den öffentlichen Verhandlungen in Wort und Schrift laut bestritten, die Gesetzlichkeit der Ausübung dieser Macht und alle von ihr vor dem 20. October 1860 getroffenen Verfügungen negirt, und endlich durch offene Feindseligkeiten, Gassendemonstrationen und gewaltsame Thätlichkeiten factische Auflehnungen und unzulässige Widersetzlichkeiten gegen königliche Missionen constatirt. Man hat seit dem 20. October 1860 in den Thronadressen des Pester Parlaments, in den Remonstrationen der Municipien die Errungenschaften des Jahres 1848 mit einem Budapester Ministerium an die Spitze gestellt, zum Wahlspruch erhoben, sogar an die Fahne der öffentlichen Gassendemonstrationen geschrieben und dies zu einem Ultimatum gemacht, welches jede Transaction ausschliesst; man vernahm sogar Parlamentsreden, welche selbst ein Unterhandeln darüber als einen Landesverrath verhöhnten und damit die Versöhnlichkeit perhorrescirten. Man wollte nichts mehr und nichts weniger als ein von Wien unabhängiges Budapester Ministerium, um Ungarn bei der ersten nächsten Gelegenheit aus dem gesammtösterreichischen Staatsverbande auszuscheiden, und zu einem Staate zu constituiren, welcher für sich bestehen, von Oesterreich getrennt und in nichts mehr abhängig sein sollte, um auf diese Weise auf dem Terrain des 20. October 1860 zu vollenden, was im Jahre 1848 begonnen, mit einer förmlichen Bekriegung Oesterreichs factisch experimentirt wurde, aber nicht ausgeführt werden konnte.

Vermittels der in der Thronadresse betonten Herstellung der politischen Integrität des ungarischen Landtages durch Beiziehung der vermehrten *Partes adnexae* wollte man Siebenbürgen und Kroatien mit Ungarn vereinigen, und mit der

Trennung Ungarns von der österreichischen Gesammtmonarchie Oesterreich zugleich dreier seiner Provinzen, welche die Hälfte der Monarchie betragen, verlustig machen, als wenn drei Provinzen mit der blossen Waffe der Rhetorik der Parlamentsreden, oder der Dialektik der Thronadresse sich erobern oder in ihren bedeutenderen Interessen einschränken liessen.

Die feurigen Reden der Municipien und des Pester Parlaments, welche den politischen Wahn für die Errungenschaften des Jahres 1848 bis zur Glühhitze trieben, liessen keinen Augenblick zweifeln, dass Ungarn, einmal im Besitze des Budapester Ministeriums und mit einem Kriegsministerium im Besitze der ungarischen Festungen und des da aufbewahrten Kriegsmaterials, alle Schreckensscenen der Bürgerkriege, der Anarchie und der damit in Verbindung stehenden Verheerungen und Verwüstungen des Jahres 1848 eventuell wiederholen könne.

Der allerhöchste Machthaber, welcher über die Geschicke Oesterreichs waltet, muss auch manchen schweren Verantwortungen, welche auf seiner souverainen Stellung lasten, Rechnung tragen. Er hat Verantwortungen gegen seine allerhöchste Mission, die von seinen erlauchten Ahnen ererbte Krone; — gegen die ruhmreichen Ueberlieferungen dieser Krone; — gegen die lebenden Familienglieder und die fernste Nachkommenschaft des a. h. kaiserlichen Hauses; — gegen die Völker aller österreichischen Provinzen für die Erhaltung des Friedens und der Integrität des Gesammtstaates. Mit diesen Verantwortungen stehen in engster Verbindung auch unerlässliche Pflichten, welche nicht gestatten konnten, dem Treiben in Ungarn unthätig zuzusehen, oder durch ein rathloses Temporisiren die Ereignisse in Ungarn in ihrem Charakter, in ihren Progressionen und Dimensionen sich vergrössern und verschlimmern zu lassen, ohne von einem verhängnissvollen *trop tard* ereilt zu werden. Mit dem Culminiren der Ereignisse culminirte der Drang der Umstände, wo weder Tage noch Stunden versäumt werden durften, es war die höchste und die rechteste Zeit mit den Maassregeln vom 5. November 1861 eine Abhilfe, ehe es zu spät ward, zu schaffen.

IV.
Die öffentlichen Lasten seit 1849.

Eine Pression der öffentlichen Lasten, unter welchen mit Oesterreich auch Ungarn litt, ist allerdings eine Thatsache, die sich nicht wegleugnen lässt. Sie ist aber bei uns wie in jedem andern Staate ein Postulat und eine Lebensbedingung des Bestehens eines policirten Staates. Alle Gattungen und Titel der öffentlichen Lasten, welche bei uns eingeführt sind, bestehen in jedem Staate der civilisirten Welt. Frankreich, Russland, selbst das wegen seiner politischen Institutionen als ein glücklichstes Land beneidete England, tragen Lasten der öffentlichen Steuern, welche in mancher Hinsicht vielfacher als bei uns, höher und drückender als bei uns sind. Wenn jedoch unsere öffentlichen Lasten etwa drückender wären, als in anderen Staaten, so liegt die Ursache davon zumeist in den Conjuncturen, welche mit der seit 1849 bestehenden öffentlichen Ordnung nichts Gemeinschaftliches haben. Nach jeder Revolution gibt es Postulate, welche schwere Geldopfer bedingen. Die Grundentlastungen in Folge aufgehobener Lebensverhältnisse, die kostspielige Ein- und Durchführung ganz neuer Staatseinrichtungen in einem von der Anarchie gepeitschten, mit Feuer und Schwert verwüsteten Lande; — ein in Folge einer Differenz mit Preussen veranlasster Feldzug in den ersten Tagen der wiedergekehrten öffentlichen Ordnung nach der Revolution; — eine mit förmlicher Kriegsrüstung verbundene Kriegsbewegung Oesterreichs gegen Russland in den Donaufürstenthümern während des orientalischen Krieges; — ein in Folge des Villafranca-Friedens 1859 beendeter Feldzug gegen eine sardofranzösische Alliance mit Evolutionen riesenhafter militärischer Kräfte und eben so kolossalen und kostspieligen Rüstungen, waren lauter ausserordentliche Postulate eben so ausserordentlicher Geldopfer, welche der Würde und Ehre, der Grossmacht des gesammtösterreichischen Staates gemacht werden mussten, und eben deswegen, weil sie als ausserordentliche Ereignisse auch ausserordentliche Geldopfer bedingten, waren sie ganz geeignet, die öffentlichen Lasten ungewöhnlich in die Höhe zu treiben. Die Ursachen, welche dies veranlassten, haben zwar aufgehört, aber damit haben ihre Wirkungen nicht aufgehört.

Die Staatsschulden, welche die eben erwähnten ausserordentlichen Ereignisse zurückliessen, sind Nachwehen, welche in Jahr und Tag sich nicht heben lassen, und dürften auf die öffentlichen Finanzen und Lasten noch eine Zeit einen schwer bedrückenden Einfluss üben.

Zwei politische Todsünden Ungarns.

In einem offenen, von einem Serben im Anfange August v. J. en Brochure veröffentlichten Briefe wurde Ungarn mit einem kranken Manne verglichen. Das war eine Kühnheit, in welcher eine Verbindlichkeit und Schuld lag, die sich nur dadurch abtragen liesse, dass man der Krankheit auf den Grund gehe, und wenigstens ihre Hauptursachen angebe. Wir haben darauf Jahr und Tag mit vieler Sehnsucht, aber leider vergebns gewartet, und der Autor des besagten öffentlichen Briefes wolle uns nicht für übel nehmen, wenn wir diese Verbindlichkeit statt seiner lösen, wenn wir darin ihm etwa zuvorkommen, und seinen diesfälligen Anschauungen vorgreifen.

Wer seit der Einführung der magyarischen Sprache in das Staatsleben Ungarns dessen innere Zustände mit Besonnenheit und ohne Befangenheit beobachtet hat, braucht weder Fürst, noch Gesetzgeber, noch Staatsgelehrter zu sein, um ohne wissenschaftliche Grübeleien blos mit Eingebungen eines einfachen, natürlichen Menschenverstandes wahrzunehmen, dass das Unwohlsein Ungarns in der Erhebung der magyarischen Sprache an das Staatsruder Ungarns, in ihrer Einführung in die Dicasterien, municipalen, behördlichen und parlamentarischen Verhandlungen seinen Beginn und sein Entstehen habe, und eine Todsünde Ungarns sei.

Mit der Einführung der magyarischen Sprache in das öffentliche Geschäftsleben Ungarns wurde auch das magyarische Element an das Staatsruder gestellt, die Dicasterien von der Spitze abwärts magyarisirt, und dies hatte zur Folge auch die Magyarisirung der Comitate vom Obergespann abwärts*). Seit dieser Zeit ist das magyarische Element dominant geworden, übt seine Macht über die nicht magyarischen Nationalitäten aus, obwol im Oceane dieser Nationen das magyarische Element nicht das allein bedeutungsvolle, und in ethnographischer Hinsicht nicht das zahlreichste und stärkste ist. Diese Unnatürlichkeit musste nothwendigerweise Reactionen, nationale und sprachliche Streitigkeiten hervorrufen, welche die Gesundheit Ungarns vergiften und ruiniren, und, wie dies von allen politischen Parteien anerkannt wird, das grösste Unglück Ungarns ausmachen.

Es war einmal eine Zeit, welche Ungarn mit vollem Rechte die schönsten Tage seines politischen Lebens nennen darf, wo alle Völkerstämme Ungarns ohne Unterschied der Nation oder Sprache an dem gemeinsamen Herde des Vaterlandes wie an einer Familientafel zusammen speisten, wie aus einem Becher tranken, in herzlichen Kosungen und Umarmungen sich ergötzten, wie Brüder und Kinder eines Vaters und einer Mutter frohlockten, und sich eines Lebens

---

*) Ausser wenigen vereinzelten, in verschiedenen Ortschaften zerstreuten magyarischen Familien, welche in der Bacska oder im Banat als Schafhirten oder Ochsentreiber gedient, sich da haussässig gemacht und angesiedelt haben, gibt es im ganzen Temeser und Krassovaer Comitate nicht eine einzige Ortschaft compacter magyarischer Bevölkerung. Diese beiden Comitate sind von compacten Massen deutscher, serbischer und rumänischer Elemente bevölkert, und doch waren sowol vor, als auch nach dem Jahre 1848 vom Obergespann abwärts die Beamtenstellen dieser Comitate zumeist mit Magyaren besetzt. Dasselbe ist der Fall mit dem Torontaler und Bacser Comitate, wo das magyarische Element in auffallender Minorität ist.

freuten, welches keine Kluft der Race trennte, keine nationalen Schranken spalteten, keine Sprachstreitigkeiten oder welch immer sonstige nationale Gehässigkeiten verkümmerten. Diese ehemaligen schönsten Tage Ungarns gehören zu seinem goldenen Zeitalter, welches dieses Land seinen damaligen Königen verdankte. Diese Väter des Vaterlandes wussten mit einer gesunden Staatsweisheit die Kräfte Ungarns abzuwägen, ohne sie zu überschätzen, oder dabei durch Ueberspannungen unzeitiger politischer Visionen sich hinreissen zu lassen. Sie erkannten mit einem richtigen politischen Blicke:

Dass es unmöglich wäre, mit den schwachen ethnographischen Kräften des magyarischen Elements das Territorium Ungarns in dem Gesammtumfange und der ganzen Ausdehnung seines Areals zu bevölkern.

Dass es mit den wenigen unerfahrenen und noch unbehilflichen Händen der auf das magyarische Element beschränkten Bevölkerung noch weniger möglich wäre, die Wildniss des Bodens zu bezähmen, die öden Wüsten in üppige Fluren und Saaten umzuschaffen, und aus den natürlichen Anlagen, mit welchen die Natur den Boden Ungarns begünstigt hat, jene Schätze und Reichthümer zu gewinnen, welche davon nach dem Vorbilde der Civilisation sich erwarten und ziehen liessen.

Dass die schwachen physischen Kräfte des volksarmen Magyarenstammes einem Angriffe von Aussen nicht gewachsen wären.

Mit diesem staatsmännischen Scharfblicke erfasste man damals die gebietendste Nothwendigkeit die in Ungarn angetroffenen Stämme nicht magyarischer Zunge zu protegiren, ihre nationalen Anforderungen zu würdigen, ihr nationales Gefühl mit zarten Rücksichten zu schonen, und Alles zu vermeiden, was zu nationalen Demüthigungen, Kränkungen, oder welch immer anderen Wehen Anlass gäbe.

Ungarn war unter seinen Königen arpadischer Dynastie ein sich selbst angehöriges Land, kein ergänzender Theil eines andern Staates, von niemand Anderm, als von der souverainen Macht seines königlichen Thrones abhängig, und seine Monarchen waren unabhängige Souveraine und ebenbürtige Mitglieder der regierenden Fürsten Europas. Die unabhängige Entscheidung in den heimischen Angelegenheiten Ungarns war ihnen in höchster Instanz vorbehalten, und nichts konnte sie hindern, die magyarische Sprache an das Staatsruder zu stellen. Sie duldeten aber lieber in ihrem Staatsleben eine fremde todte Sprache, weil sie als Sprache einer nicht mehr lebenden Nation geeignet war, die internationalen Verhältnisse aller in Ungarn lebenden Stämme zu neutralisiren. Sie hüteten sich, das magyarische Element und die Sprache zur Domination zu erheben, weil sie mit der Sagacität einer nüchternen Politik in dem Gewebe der nationalen Verhältnisse Ungarns ein Wespennest erblickten, dessen Aufrühren mit einer Unzahl Calamitäten sich zu entladen droht.

In dieser Politik der Könige Ungarns älterer Zeit liegt eine heilige Reliquie, welcher die Geschichte Ungarns ein Museum zur ewigen Aufbewahrung und zur Witzigung aller Generationen der fernsten Nachkommenschaft errichten dürfte. In dieser Politik des Alterthums Ungarns liegt eine fruchtbare Lehre, von welcher die Neuerer späterer Zeit leider! wenig Nutzen gezogen haben; sie hatten dafür wenig Andacht und Pietät, sie wendeten sich davon

Aufklärungen.

ab, und das war eine Todsünde, welche Ungarn in die
Ereignisse der Jahre 1848 und 1849 vorzugsweise mit hineinriss und in eine zweite Todsünde gerathen liess, und
diese zweite Todsünde war:

VI.
Die Verfassung vom Jahre 1848.

Ueberstürzungen bei parlamentarischen Verhandlungen
und Beschlüssen waren leider Gewohnheiten, welche in
Ungarn zur zweiten Natur geworden sind, und dies war
oft auch dessen grosses Unglück, vielleicht eine der vielen
Ursachen seiner heutigen Leiden. — Im Laufe einer Revolution und üblen Laune gegen seinen König (Karl I.)
improvisirte einmal England, unter den Auspicien Cromwells, politische Institutionen, war aber nahe daran, unter
dem Schutte dieses Machtwerbers begraben zu werden.
Frankreich extemporirte im Rausche seiner ersten Revolution bei einer Nachtlampe eine Verfassung und bald
darauf entfaltete sich daraus die Fahne einer rothen Republik, eine Hölle mit Dämonen. Die Nationalversammlung
der Revolutionstribunale und der Convent der Schreckenstage Frankreichs arteten in blutdürstige Bestien aus, welche
die Citoyens Frankreichs schaarenweise auf die Schlachtbank der Guillotine trieben, und Verbrechen gegen die
Menschheit verübten, vor welchen Tyrannen der Barbaresken-Staaten zurückgeschaudert wären. Uebelberathene
Staatsverfassungen gestalten sich zu einem Mordinstrument
gegen das Leben jenes Staates, für welchen sie geschaffen wurden.

Politische Institutionen bilden und vervollkommnen sich allmählich während ihrer Anwendung nach den Conjuncturen der heimischen Verhältnisse. Praktische Anschauungen und Prüfungen aller Triebfedern der Staatsmaschine während ihrer Bewegung zeigen erst an, was ihr förderlich oder hinderlich, was daran zu ändern oder besser zu machen sei. Englands Institutionen, welche man zum Vorbilde der Staatsverfassungen zu nehmen gewohnt ist, sind nicht aus dem Stegreife gezaubert. Sie sind in ihrem Entwicklungsprocesse das geworden, was sie nun sind; Englands Magna Charta ist nur der Embryo, aus welchem die heutigen Institutionen Grossbritanniens sich herausgebildet haben. Die Magna Charta Englands ist viele Jahrhunderte alt. Während dieser Zeit ist zu ihrer Ausbildung viel geschehen, Vieles anders und besser gemacht und doch gibt es manche unerledigte Rückstände englischer Staatsverfassungs-Angelegenheiten, welche den Staatsmännern Grossbritanniens graue Haare, oft schlaflose Nächte verursachen.

Was aber in England durch Jahrhunderte für Jahrhunderte gebaut wird, das wollte man in Ungarn in ein paar Tagen aufbauen und zauberte damit ein Gebäude, welches nach wenigen Wochen einstürzte. In Ungarn, wo die *avita Constitutio* durch ganze Jahrhunderte nicht einen einzigen Schritt mit dem Zeitgeiste vorwärts machen durfte, sah es aus, beinahe wie bei einer altgriechischen Völkerschaft Lokriens, wo Jeder, der auf Abänderung der Verfassung einen Antrag wagen wollte, vor der Volksversammlung nicht anders als mit dem Stricke um den Hals vortreten durfte, um sofort erdrosselt zu werden, wenn sein Antrag nicht gefiel. Seit der *Bulla aurea* und der Abschaffung **ihrer** Widersetzlichkeits-Clausel liess man sich in Ungarn von Frohndiensten **bis zum** Ersticken in seinem **eigenen** Fett mästen, **und erst nach** Jahrhunderten **unverzeihlicher** Unthätigkeit von **dem Orkane einer** Revolution wie **aus** einem tiefen Schlafe **wecken, um in der Hast von** ein paar **Tagen** und Sitzungen, unter **den Auspicien einiger** Schönredner und der beifallklatschenden **oder zischenden** Gallerie, Reformen in der Gestalt einer neuen, wahrhaft unerhörten Verfassung zu improvisiren. Die Aufgabe **dieses Neubaues** hätte darin bestehen **sollen**, die Traditionen **der** althistorischen Verfassung zu reformiren, die Reformen **dem** Zeitgeiste anzupassen, wobei nicht wenige aus dem Mittelalter geerbte Gebrechen zu heben waren. Diese Mängel waren veraltete **Uebel**, welche wie eine eingewurzelte Krankheit durch allmählige Erwägungen und Studien **geheilt werden** konnten, wo Ueberstürzungen **oder gewagte** Improvisationen einem gefährlichen Hazardspiele glichen. **Man hielt** aber die Lösung **dieser** so grossartigen Aufgabe **für eine so geringfügige** Sache, wie etwa die Revidirung oder Ausbesserung eines aus Zeitvertreib gemachten Aufsatzes, oder etwa **die** Correctur eines Bürstenabzuges.

Die Verfassung von 1848 verdankt ihre Geburt dem Chaos des 15. März 1848, der politischen Epidemie **damaliger** Zeit, welche in eine bösartige Seuche ausartete, deren Delirien **ganz** Europa mit einer Ansteckung bedrohten, in Paris in republicanischen Ausbrüchen einen monarchischen Thron zerstörten; — **in** Italien mit anarchischen Gewaltthaten gegen die öffentliche Ordnung tobten, gegen den allerhöchsten Thron, gegen **die** Integrität **der** österreichischen Monarchie **die** Waffen ergriffen; — in Wien eine revolutionäre **Fahne** gegen die öffentliche Ordnung entfalteten; — in Ungarn in aufrührerischen Gewaltstreichen sich äusserten, mit einem Umsturze bösartigen Charakters drohten, auf den allerhöchsten Thron einen peinlichen Druck übten, die königliche Macht in ihren freien Bewegungen lähmten, und ihr die Möglichkeit benahmen, ihr königliches Gewicht nach ihrem freien Willen und ihrer unbelästigten Ueberzeugung in die Wagschale der Staatsangelegenheiten zu legen. Unter dem gleichzeitigen Zusammentreffen aller eben erörterten Eindrücke wurde die Verfassung vom Jahre 1848 geboren, und dann soll es uns nicht Wunder nehmen, wenn unter so bedenklichen Geburtswehen ein ungerathenes Kind auf die Welt kam!

Es lässt sich nicht in Abrede stellen, dass die Verfassung, von welcher hier die Rede ist, von einem freisinnigen Geiste durchwehet ist, und in mancher Hinsicht auf den Dank der Humanität gerechte Ansprüche hätte, es ist aber in Prosa nicht Alles so schön, wie es die Poesie zu verzieren weiss. Ideale kann man wohl mit dem Pinsel oder der Dichtkunst, in der Malerei oder den Zierlichkeiten einer poetischen Phantasie erzeugen, aber der Unterschied zwischen der Poesie und der Wirklichkeit ist so gross, wie zwischen frommen und erfüllten Wünschen oder wie zwischen den Visionen eines Träumenden und den Anschauungen eines Wachenden. Hume, Wilson, Franklin und die Staatsgelehrten aller Zeiten und Menschenalter haben anerkannt, dass es der höchsten menschlichen Weisheit nicht gelungen ist, eine Staatsverfassung zu Stande zu bringen, welche in ihrer Anwendung nirgends auf Schwierigkeiten stiesse, deren Ueberwindung in das Reich der Unmöglichkeit gehört. Soll ungeachtet Alles dessen die Verfassung des Jahres 1848, welche wir da besprechen, soll diese in einer Hast von ein paar Tagen und Sitzungen unter allen jenen kurz bevor geschilderten Eindrücken extemporirte Verfassung ein nie da gewesenes Wunder der Vollkommenheit ohne Mängel und Gebrechen sein? Abgesehen von dem mittelalterlichen Zuschnitte und manchen Gebrechen der historischen vor 1848 bestandenen Verfassung hatte daneben diese politische Institution auch manche gute Seite. Sie entsprach nicht den Anforderungen des Zeitgeistes unserer Tage, sie entsprach aber den staatsrechtlichen Verhältnissen, in welchen Ungarn zur österreichischen Gesammtmonarchie steht, sie konnte den Sitz und Schwerpunkt der königlichen Macht an jenem Hoflager der österreichischen Kaiser vertragen, wohin die pragmatische Sanction den königlichen Thron Ungarns gestellt hat, die vor 1848 bestandene Verfassung ging Hand in Hand mit dem allerhöchsten kaiserlichen königlichen Throne durch mehrere Jahrhunderte, und Ungarn war durch diese ganze Zeit ein Land der Staatsglückseligkeit. Aber die Verfassung vom Jahre 1848 beregte zwischen der Krone und dem Lande Fragen, deren Tragweite in der ganzen Kette ihrer Folgen sich nicht ermessen oder mit dem begrenzten Gesichtskreise des menschlichen Auges nicht absehen lassen, verwirrte sie zu einem unlösbar gewordenen Knoten und machte aus der mehrhundertjährigen Staatsglückseligkeit Ungarns Zustände und Tage des Trübsals, der Calamitäten und Leiden, welche allen Versuchen der politischen Arzneien trotzen, und kein Ende nehmen wollen. In dieser Todsünde liegt die zweite Hauptursache des Siechthums Ungarns.

Oesterreich mit seinen Provinzen und dem dazugehörigen Ungarn ist ein Gesammtstaat, dessen Untheilbarkeit durch die pragmatische Sanction besiegelt, und von Ungarn in strengster constitutioneller Form anerkannt ist. Der Artikel III. der Verfassung des Jahres 1848 aber macht aus diesem einheitlichen untheilbaren Reiche einen Staat mit zwei Regierungen, ein Reich mit zwei verschiedenen Sitzen und Schwerpuncten, einen Körper mit zwei Köpfen, aus der Staatsform ein Monstrum. Wir werden unsere Lachmuskeln gern bemeistern und in ein Lachen nicht ausbrechen, wenn man uns auch aus der Weltgeschichte ein ähnliches Exemplar staatlicher Einrichtungen nicht aufzuweisen vermag, weil wir von der Vorstellung der Schmerzen, die ein solcher Organismus nothwendig erleiden muss, zu lebhaft ergriffen sind.

Wie leicht entstehen Meinungsverschiedenheiten im Schoosse des Ministeriums einer und derselben Regierung, wo man verwandte Interessen vertritt, und gleiche Ziele im Auge hat, wie leicht können diese Meinungsverschiedenheiten zu harten Collisionen von beklagenswerthen Folgen führen, wie schwer lassen sie sich oft in Einklang bringen, obwohl doch da Verschiedenheiten der Interessen und Ziele gegen einander nicht im Kampfe stehen.

Um wie viel leichter und häufiger werden diese Meinungsverschiedenheiten entstehen zwischen zwei von einander unabhängigen und mit gleicher Macht ausgerüsteten Regierungen zweier Staatstheile eines nach seinem ersten Grundgesetze untheilbar verbundenen, aber nach seiner neuen Form zerrissenen, also jedenfalls verzerrten Staates, und sich hemmender, ja zerstörender Gewalten, wie es hier der Fall wäre zwischen den mit dem Artikel III. der in Rede stehenden Verfassung eingesetzten zwei staatsministeriellen Potenzen in Buda-Pest und Wien. Um wie viel schwerer liessen sich die in einem solchen Falle gegenseitig im Kampfe stehenden Tendenzen einigen, und versöhnlich begleichen. Wie häufig müssten da Collisionen entstehen, welche die Streitfragen zu einem Knoten verwirren würden, der sich nicht abwickeln liesse, sondern mit dem Schwerte zerhaut werden müsste. Die Verfassung also, von welcher hier die Rede ist, würde, wenn sie ins Leben käme, Oesterreich in zwei in bleibender Feindseligkeit sich gegenüber stehende Krieglsager spalten, welche in kein Ende nehmen wollender Kriegsbereitschaft, Gewehr im Arm, stehen, die Finanzen beider Kriegslager zerrütten, und sowohl Ungarn als auch die andern Provinzen Oesterreichs an allmäliger Auszehrung leiden und zu Grunde gehen liessen. Dieses Uebel gestaltet sich noch complicirter und bedenklicher, weil Ungarn nach dem III. Artikel der hier in Rede stehenden Verfassung eigentlich ein Königreich mit zwei Königen, nämlich: einem König in Wien, und einem zweiten in Buda-Pest wäre, wo überdies dem Könige in Buda-Pest jene Macht und alle Kriegsmittel zu Gebote stünden, welche ihm die Möglichkeit bieten würden, wider den König in Wien in offenem Kriege vorzugehen. Nach dem Gesetzartikel III der in Rede stehenden Verfassung fehlt dem Palatin oder dem königlichen Statthalter in Buda-Pest nur ein königlicher Thron und Titel, um ein wirklicher König zu sein. Seine Person ist nach dem §. 2 des hier in Rede stehenden Artikels III wie die eines regierenden Souverains unantastbar, was auch von seinen rechtlichen Verhältnissen zu dem königlichen Throne in Wien verstanden werden kann, und in dieser Hinsicht zu Bedenken und Befürchtungen unabsehbarer

Tragweite Veranlassung gibt, zumal ihm nach dem Wortlaute des eben berührten §. 2 eine unumschränkte Machtvollkommenheit ertheilt wird. Es wird ihm ferner mit dem §. 14 des Gesetzartikels III, wie einem regierenden Fürsten ein Ministerium aller Geschäftszweige beigegeben, und nach dem 19. §. G. Art. III. ein Staatsrath an die Seite gestellt. Er hat keinen Titel und Thron eines Königs, aber er ist es in der That, denn der factische König wäre nach den eben berührten Bestimmungen des Gesetzartikels III der Palatin und der zweite König in Wien wäre dies nur dem Namen nach, da ihm alle Attribute der königlichen Macht entzogen werden, um sie an den Palatin zu übertragen, und aus ihm den König Ungarns *de facto* zu machen, was auch die kühnste Phantasie mehr als poetisch, ein wenig unsinnig und lächerlich, im Fall der Feindschaft aber sehr tragisch finden würde. Es gibt kein Blatt der Geschichte, was immer für eines Staates, welches ein ähnliches Zerrbild staatlicher Form aufweisen würde.

Noch complicirter und bösartiger gestaltet sich dies Uebel durch den §. 6 des Gesetzartikels IV. der hier in Rede stehenden Verfassung. In Staaten constitutioneller Monarchien soll die Staatsverfassung den Absolutismus in Schranken halten, sie soll durch Betheiligung der Volksrepräsentanz an der Legislation die königliche Macht beschränken, sie soll aber nicht dieser Betheiligung eine Macht einräumen, welche dem Monarchen seine Majestätsprärogative benimmt. Die constitutionelle Verfassung muss für gewisse Fälle dem regierenden Souverain einige Majestätsrechte belassen, und darf keines davon antasten. Das ist die Theorie und die Praxis, welche von den constitutionellen Staaten allgemein angenommen, und geübt wird. Zu diesen königlichen Prärogativen gehört unter mehreren andern auch das Majestätsrecht, den Reichsrath einzuberufen, zu prorogiren oder aufzulösen, was in dem §. 5 Gesetzartikel IV. der hier in Rede stehenden Verfassung dem Könige zwar zugestanden, aber nur zum Scheln gesichert wird, denn gleich darauf wird in dem §. 6 des nämlichen Gesetzartikels IV *) diese Prärogative angetastet und seine Bestimmung aufgenommen, die den Landtag berechtigt, auch dann nicht auseinander zu gehen, wenn der König dessen Prorogirung oder Auflösung im Drange gebieterischer Umstände und wohlverstandener öffentlichen Interessen für gut findet. Diese Antastung der königlichen Prärogative ist zwar auf solche Fälle beschränkt, welche nach ihrer Natur und Beschaffenheit einer Beachtung werth sind, aber ungeachtet dessen bleibt dieses Eingreifen in die königliche Machtvollkommenheit immer ein unverzeihliches Uebel, weil es den König in der Ausübung seiner Prärogative eben in jenen Momenten behindert, von welchen das Wohl und Wehe des Staates wesentlich abhängt. Mögen übrigens diese Beschränkungen sich entschuldigen oder rechtfertigen lassen, mögen sie sonst welch immer Natur sein, in jedem Falle sind sie geeignet, Uneinigkeiten zwischen der Landesrepräsentation und der Krone Thür und Thor zu öffnen, und Streitfragen zu beregen, welche die öffentliche Ordnung und Ruhe, den innern Frieden und das öffentliche Wohl aller österreichischen Provinzen erschüttern müssten. Ungarn hätte ja nach dem III. G. Art. der hier in Rede

---

*) Die jährliche Sitzung kann bevor die Rechnungen der letzten Jahre und das Budget für das folgende Jahr vorgelegt, und diesfalls der Beschluss gefast worden ist, nicht geschlossen oder der Landtag aufgelöst werden. §. 6. Art. IV. 1848.

stehenden Verfassung ausser seinem König in Wien, in seinem Palatin einen zweiten König in Buda-Pest, und neben diesem letzteren einen Kriegsminister und einen Finanzminister, deren ersterem mit den ungarischen Festungen auch das da aufbewahrte Kriegsmaterial, deren letzterem die Geldkräfte und Kriegssubsidien des Landes zu Gebote stünden, wodurch sie dem Könige von Buda-Pest die Möglichkeit böten, etwaige Streitfragen auf die Spitze des Degens zu stellen, und Oesterreich mit Feuer und Schwert des Krieges zu überziehen. Die Schule unserer bittern Erfahrungen aus den Ereignissen des Jahres 1848 und 1849 ist lehrreich genug. Gott behüte uns vor der Wiederholung ähnlicher Prüfungen.

Die Musterung, welche wir über den III. und IV. Gesetzartikel der Verfassung von 1848 diesfalls gehalten haben, lässt uns bei jeder unserer darüber gemachten Wahrnehmungen lauter Kriege zwischen Oesterreich und Ungarn befürchten. In diesen Kriegen stünden an der Seite des allerhöchsten Thrones alle Völker der nicht ungarischen Provinzen gegen das vereinzelte in sich selbst zerrissene, durch seine nationalen und sprachlichen Streitigkeiten entkräftete, ohnmächtige Ungarn. Es stünde auf einem solchen Schlachtfelde Ungarn gegenüber ein Riese, mit allen einer Grossmacht zu Gebote stehenden Apparaten und Mitteln. In einem so ungleichen Kampfe wäre bei jedem Conflicte stets die Niederlage Ungarns und dessen allmäliger Untergang gewiss, und Niemand, er möge welch immer politischer Meinung angehören, kann mehr in Zweifel sein, dass das Leben der Verfassung des Jahres 1848 Ungarns Tod wäre. Wir möchten nun die Radicalen, welche zu der Verfassung vom Jahre 1848 als ihrer alleinseligmachenden politischen Religion schwören, fragen, ob ein Recht fortgesetzt werden könne, dessen praktische Anwendung einen Phantasiestaat, und zwar statt eines glücklichen Landes einen in nationaler Zwietracht erglühenden und in politischer Hinsicht mit Feuer und Schwert sich fortan selbst zerstörenden Staat in die Scene setzen würde? Ob ein Recht fortgesetzt werden könne, bei dessen Uebung Oesterreich und Ungarn im eigenen Blute seiner brudermörderischen Bürgerkriege sich baden, und am Ende den Calamitäten innerer Erschütterungen und der Anarchie unterliegen müssten. Wir möchten die Schwärmer für die Rechtscontinuität fragen, ob es zu dieser ihrer alleinseligmachenden Religion gehöre, dass der allerhöchste Träger der gesammtösterreichischen Krone das Leben und die Zukunft Oesterreichs, dass er die öffentliche Ordnung, die Ruhe, den öffentlichen Frieden und die damit verbundene Wohlfahrt seiner nicht ungarischen Länder dem einzelnen und alleinigen Ungarn oder seinen fixen Rechtsideen aufopfere.

Man werfe uns nicht ein, dass wir in der Zukunft Alles schwarz, und in der Verfassung von 1848 nichts Anderes als Hölle und Dämonen sehen wollen; — unsere Anschauungen beruhen auf Thatsachen und Ereignissen, welche wir eben so wie unsere Gesinnungsgegner miterlebt und mitangesehen haben, worüber wir uns selbst das beste und glaubwürdigste Zeugniss ausstellen können. Ungarn konnte ja mit seiner Verfassung von 1848 nicht länger als einige Wochen sich halten. — Kaum trat sie in's Leben und sofort wurde Oesterreich in zwei feindliche Kriegslager getheilt; aus dieser Verfassung brach ja der Krieg Ungarns gegen Oesterreich hervor, und — wir wissen es Alle —

endete mit Folgen, welche aus den inneren Zuständen Ungarns eine Tragödie machten, deren Scenen, leider! noch heutigen Tages nicht abgeschlossen werden können.

Ungarn hat ja sein Unglück und alle seine heutigen Leiden hauptsächlich seiner Verfassung von 1848 zu verdanken. In diesen lebendigen Thatsachen liegt eine Beredsamkeit, welche uns mehr als alle Phrasen und Zierlichkeiten der periodischen öffentlichen Presse und der Parlamentsreden die Ueberzeugung einflössen, dass angesichts der pragmatischen Sanction und des darauf begründeten staatsrechtlichen Verhältnisses Ungarns zu der gesammtösterreichischen Monarchie, und angesichts der auseinandergesetzten Verhältnisse, eine unbedingte Durchführung der in Rede stehenden Verfassung zu Utopien gehöre, welche aus Ungarn einen Phantasiestaat permanenter, nie ein Ende nehmender Revolutionen, Anarchien und Bürgerkriege machen, und über kurz oder lang unter seinem eigenen Schutte begraben würden.

Denken wir uns einen Augenblick auf den kaiserlichen königlichen Thron der österreichischen Gesammtmonarchie einen Sprössling der ehemaligen arpadischen königlichen Dynastie, denken wir uns ihn erfüllt von jenen Gefühlen und jener heissen Liebe, mit welcher die ehemaligen Sprösslinge dieses königlichen Hauses Ungarn angehörten, seien wir aufrichtig, und gestehen wir uns offen, dass auch er, ehe er die Realisirung der in Rede stehenden Verfassung gutheissen würde, über die Eventualitäten, welche sie in sich birgt, nachdenklich werden müsste, und gewiss keinen Muth hätte, zur Partei ihrer Rechtscontinuität zu gehören.

VII.

Noch ein wesentliches Uebel der Verfassung des Jahres 1848.

Dieses Uebel besteht in den gesetzlichen Bestimmungen des Artikels V der Verfassung des Jahres 1848. Dieser Artikel führt die Aufschrift: „Von der Landtagsdeputirten Wahl auf Grundlage der Volksvertretung" und da die Volksvertretung in Ungarn die Repräsentation aller da lebenden Nationalitäten in sich begreifen soll, so berechtigt schon die blosse Aufschrift dieses Artikels zu Erwartungen, dass bei den Landtagswahlen der Repräsentation jeder Nationalität Rechnung getragen sein werde. Aber bei der praktischen Anwendung dieses Gesetzartikels zergehen alle diese Erwartungen in blaue Dünste, Träume und bittere Enttäuschungen.

Mit der Einführung der magyarischen Sprache in das Staatsleben Ungarns ist das magyarische Element in den Dikasterien, in den Behörden der Comitate, in den Municipien und dem gesammten öffentlichen Geschäftsleben allmächtig geworden. Auf die Vorschläge der Hofkanzlei werden die Obergespänne magyarischen Stammes an die Spitze der Comitate gestellt, und wo dies in den Comitaten gemischter Nationalitäten nicht der Fall ist, da gehört der Obergespann schon als Creatur der Hofkanzlei zu der politischen Partei der Magyaren[*]). Den Obergespännen

---

[*]) Dies war nach dem 20. October 1860 der Fall im Temeser Comitate mit dem damaligen Obergespann Damaszkin und im Krassovaer Comitate mit Gozsdu.

stehen Mittel zu Gebote, in die Aemter und Commissionen der Comitate Magyaren oder ihrer Farbe angehörige Persönlichkeiten ausschliesslich unterzubringen. Da nun der Stuhlrichter und Jurassor in seinem Bezirke auf die Landtagswahlen den unmittelbaren nächsten und mächtigsten Einfluss übt, da dabei mit Einschüchterungen des Ortsnotars und der Landbevölkerungen operirt wird, so fallen selbstverständlich die Wahlen ausschliesslich zu Gunsten und in der politischen Richtung der Magyaren aus. Auf diese Art geschah es, dass es bei der sogenannten Nationalversammlung, welche 1848 als gesetzgebender Körper in Pest tagte, fast keine anderen Repräsentanten gab, als jene der Magyaren, oder ihrer politischen Meinungen. Daher kam es, dass auch bei dem in Folge des 20. October 1860, im Jahre 1861 abgehaltenen Landtage unter 324 Volksrepräsentanten des Unterhauses auf die magyarische Nationalität, obwohl sie die schwächste ist, und im Oceane der andern Völker Ungarns einem Tropfen im grossen Strome gleicht, 299 Repräsentanten entfielen, dagegen aber die Rumänen nur von 18, sage achtzehn, die Serben von sieben Deputirten vertreten wurden, und auch unter diesen mehrere wie Damaszkin, Manassy, Baron Nikolits, Csernovich Vater und Sohn — der politischen Farbe der Magyaren angehörten, und für die Nationalitäten, welche sie vorstellten, weder Sinn noch Herz hatten. Alle diese Missverhältnisse in der nationalen Repräsentation, die auffallende unnatürliche Ueberlegenheit der Repräsentation des magyarischen Elements, die Verdrängung und Verkürzung der nicht magyarischen Nationalitäten von der Betheiligung an der Gesetzgebung findet ihre Erklärung in der praktischen Anwendung des Gesetzartikels V der

Verfassung vom Jahre 1848, namentlich aber in der Ursache, dass die Landtagswahlen nicht nach den Nationalitäten geschehen, wo jeder Nationalität das Feld offen stünde, in separaten aus Wählern ihres Stammes zusammengesetzten Versammlungen ihre Deputirten zu wählen, wo auch die Influenzirungen von Seite der von Magyaren besetzten Comitate weniger Macht und Druck zu üben vermöchten.

Die Liebe oder Gleichgiltigkeit für sein Vaterland wurzelt nicht immer in den Herzen, ihre obersten Ursachen liegen häufig in der Gesetzgebung, wie es hier der Fall ist. Wenn der Serbe und Rumäne für die politischen Institutionen Ungarns nicht so erglüht ist, wie der Magyare, so geschieht diess, weil der Serbe und Rumäne am Genusse der Wohlthaten dieser Institutionen gar keinen Theil nehmen kann; weil der Magyare davon Alles für sich in Anspruch nimmt; weil in der Legislative, in den Municipien, was Serben und Rumänen betrifft, *sine me de me* Alles entschieden wird, und meistens wider sie ausfällt; weil unter solchen Umständen der Serbe und Rumäne in Ungarn sich als Fremde betrachten müssen, denen, wie jedem durch Ungarn Reisenden oder da zeitlich weilenden Fremden, die ungarischen politischen Institutionen gleichgiltig bleiben; — was kann einen durch Ungarn reisenden oder da weilenden Portugiesen oder Spanier das Wohl oder Wehe Ungarns angehen!

Wollt ihr ein Volk zu guten Patrioten erziehen, so fanget damit an, seine Gefühle für das Vaterland zu wärmen, und dessen Institutionen ihm lieb und theuer zu machen, lasset es an den Berathungen über das Wohl und Wehe des Vaterlandes Antheil nehmen*).

In jeder Rede der Wahlcandidaten und der Rednerbühne des Parlaments wurde 1860 und 1861 die nationale Gleichberechtigung mit hochlärmenden und zierlichsten Verheissungen aufgeputzt. Will man dies zur Wahrheit werden lassen, und nicht zu hohlen, fleisch- und blutlosen Phrasen machen, soll der Landtag in Wahrheit eine Nationalversammlung sein, und dies nicht ein Märchen bleiben, dann gebe man allen Nationalitäten Ungarns nach ihrem ethnographischem Maassstabe eine Repräsentation in den Municipien und am Landtage, dann lasse man sie ihre Landtagsdeputirten nach den Nationalitäten wählen, man weise den Deutschen, Rumänen und Serben ein getrenntes Wahlfeld an, und lasse sie die Deputirten durch Sufragien ihrer speciellen Nationalität wählen, dann wird die nationale Repräsentation nach dem Verhältnisse ihrer Volkszahl bemessen, dann wird sie ungekünstelt, ungefälscht, unverkümmert und keine hohle Phrase oder mythische Sage sein.

Wäre die sogenannte Pester Nationalversammlung von 1848 nach einem solchen Wahlmodus beschickt gewesen, dann hätten da die Serben eine ihrer Bevölkerung verhältnissmässig entsprechende nationale Repräsentation, sie hätten Vertreter serbischen Sinnes gehabt, welche ihrer nationalen Sache das Wort geredet, sie gegen Anfeindungen geschützt hätten und ihre nationalen Petitionen wären nicht

---

*) Voulous nous, que les peuples soient vertueux commençons donc par leur faire aimer la patrie. Mais comment l'aimeront ils, si la patrie n'est rien plus pour eux, que pour des étrangers, et qu'elle leur n'accorde, que ce, qu'elle ne peut refuser à personne   J. J. Rousseau.

mit dem Stricke des Galgens beantwortet worden, es wäre bei St. Tamas nicht zu jenen blutigen Auftritten gekommen, welche zu den heutigen Leiden Ungarns nicht wenig beigetragen haben.

Wäre auch der nach dem 20. October 1860 einberufene und 1861 abgehaltene Landtag nicht nach den Wahlmodalitäten des V. Gesetzartikels 1848 beschickt worden, die Serben hätten auf dem Landtage von 1861 eine ihrer Volkszahl entsprechende Vertretung und der damalige Landtagsdeputirte und Serbenfresser Kazynczy hätte nicht Muth gehabt, in seiner Parlamentsrede gegen das serbische Volk die leidenschaftlichen Worte auszustossen: „was denn eigentlich das serbische Bettelvolk haben will". Man hätte ihn über die Leistungen dieses so geschmähten Volkes in dem ungarisch-türkischen Feldzuge von 1683—1699 belehrt, über dessen Verdienste um die Erlösung Ungarns vom Joche der Sultanenherrschaft aufgeklärt, und er hätte sich enthalten, dieses um Ungarn so viel verdiente Volk mit der Galle seines Hasses *en bloc* zu besudeln, so schmählich zu verhöhen und sein nationales Gefühl so tief zu kränken. Die Angelegenheiten der nicht ungarischen Stämme würden dann Leidenschaften und Bedrückungen nicht begegnen, die Gleichberechtigung in Ungarn wäre Thatsache und Wahrheit und kein Blendwerk, mit welchem man das Ausland belügt, der Serbe, der Deutsche, der Rumäne und jede andere Nation und Confession hätte eben so wie der Magyare patriotische Gefühle für die heimischen Institutionen, und Ungarn, welches ihm dies geniessen lässt, wäre ihm eben so wie sein Leben theuer und lieb.

VIII.
Das Entstehen der Verfassung vom 26. Februar 1861.

Unsere diesfälligen Eröffnungen und Aufklärungen sind an unsere Zeitgenossen gerichtet, welche die Thatsachen und Ereignisse, mit welchen wir unsere diesfällige politische Meinung begründen, miterlebt, als deren Augen- und Ohrenzeugen mitangesehen, oder mitangehört haben. Brauchen wir darüber glaubwürdigere Beweise, als jene Zeugnisse, die wir aus eigener Anschauung uns selbst darüber ausstellen können? Diese Thatsachen gehören unserem Zeitalter und leben noch in unserem frischen Gedächtniss. Sollen wir ungeachtet dessen in Erinnerung bringen die aus der Revolution des Jahres 1848 und 1849 ausgebrochenen Schreckensscenen der Anarchie mit allen ihren Gräueln, unter welchen die öffentliche Ordnung und alles Bestehende zusammenbrach und einstürzte? Sollen wir in's Gedächtniss rufen das Attentat des Debrecziner Convents, mit welchem gegen den monarchischen Thron Ungarns damals gefrevelt wurde? Sollen wir aufwärmen die Verbrechen der damaligen revolutionären Blutgerichte, welche ihre Mitbürger schaarenweise durch Henkershände abschlachten liessen, obwohl ihnen nichts anderes zur Last gelegt werden konnte, als dass es ihren politischen Ueberzeugungen widerstrebte, an den Verbrechen und den Gräueln der Rebellion und der Anarchie sich zu betheiligen? Waren wir nicht Zeugen blutiger Bürgerkriege, wo Brüder und Mitbürger gegen einander schossen, in mörderischen Schlachten sich zerfleischten, aufrieben und gegenseitig vertilgten, wo an dem Vermögen und Leben anders Denkender Verbrechen begangen wurden, vor welchen Vandalen und Tartaren zurückschaudern würden? Haben wir nicht einen Krieg Ungarns gegen Oesterreich damals erlebt, welcher aus der Verfassung des Jahres 1848 hervorbrach, welcher von dem Buda-Pester Ministerium in Scene gesetzt wurde, wo man auf seine Fahne die Trennung Ungarns von Oesterreich schrieb, und nichts Geringeres im Schilde führte, als die Brandfackel eines allgemeinen Umsturzes nach Oesterreich zu tragen, seine nicht ungarischen Provinzen mit Krieg zu überziehen, und mit seinem tausendjährigen Throne zu verderben? Lebendige Thatsachen sind beredtere Beweise als die feierlichsten in bester Form Rechtens ausgestatteten Urkunden und entheben uns der Nothwendigkeit, etwa auf eine sonstige Art und Weise zu constatiren, dass die angestrebte Trennung Ungarns von Oesterreich, dass der dieserwegen gegen Oesterreich geführte Krieg und andere eben in Erinnerung gebrachte Gräuelthaten und Calamitäten, welche das Staatsschiff in den Grund zu bohren drohten, aus der Verfassung des Jahres 1848 sich entladen haben.

Wir haben kurz bevor in dem Capitel von der Verfassung des Jahres 1848 dieser Schrift in eindringlichen Beleuchtungen anschaulich gemacht, dass Ungarn mit dieser Verfassung kaum einige Wochen sich halten und erhalten konnte, und unser Zeitalter ist Augenzeuge, dass aus ihr schon in den ersten Tagen ihres Lebens ein Krieg Ungarns gegen Oesterreich ausgebrochen sei, in welchem wir die österreichischen Völker aller nicht ungarischen Provinzen an der Seite des allerhöchsten Thrones im Felde stehen, Ungarn gebeugt und besiegt gesehen haben. Wer daraus nicht zur Erkenntniss gekommen ist, dass das Leben der Verfassung des Jahres 1848 Ungarns Tod sei, und Unformen in sich berge, welche über kurz oder lang Ungarn verderben, und unter dem Schutte dieser Verfassung mit seiner Geschichte seinen klangvollen Namen, seine Sprache, seine thatenreiche Vergangenheit, seinen Glanz und Ruhm begraben würden; wem dies in der Schule der harten Prüfungen Ungarns noch nicht eingeleuchtet hat: der möge uns verzeihen, wenn wir ihm die politische Reife absprechen und befürchten, dass Ungarn in Gefahr wäre, so oft er von der Rednerbühne oder in der öffentlichen Presse an den Angelegenheiten unseres gemeinsamen Vaterlandes sich betheiligte: und wer von der Verfassung, von welcher hier die Rede ist, mit Abscheu sich nicht wegwendet, den können wir nicht für einen aufrichtigen, seinem Vaterlande wohlwollenden Patrioten halten.

Man hat aber in Ungarn, leider! im Unglücke nichts vergessen, und nichts gelernt, man greift nach diesem Mordinstrumente krampfhaft noch immer, als wenn man seines Lebens überdrüssig wäre, und sich durch einen Selbstmord den Tod geben wollte. Schon am ersten Tage der Verkündigung des 20. October 1860 wurde die in bestimmten und entschiedenen Worten erklärte Absicht dieses allerhöchsten Diplomes missachtet, auf alle Fahnen Ungarns mit grossen Ziffern das Jahr 1848 geschrieben, in den Sälen der Conferenzen, in den municipalen Verhandlungen der Comitate und Städte, in den Wahlversammlungen, in den politischen Glaubensbekenntnissen der Wahlcandidaten, in der Tagespresse, in den öffentlichen Gassendemonstrationen die Hitze für das Jahr 1848 bis zur verzehrenden Gluth gesteigert, und bevor noch der in Folge des 20. Oct. 1860 einberufene Landtag zusammen trat, die Losung des Jahres 1848 zum allein selig machenden Wahlspruche erhoben. Alle diese Kundgebungen waren zugleich Drohungen, welche an die Ereignisse der Jahre 1848 und 1849, an die damaligen Trennungsgelüste und Kriege Ungarns gegen Oesterreich lebhaft erinnerten. Unter solchen Umständen konnte Niemand mehr zweifeln, dass wenn ein Buda-Pester Ministerium, mit einem Kriegsminister zu Stande käme, und dem letzteren mit den ihm zu Gebote stehenden ungarischen Festungen auch das da aufbewahrte Kriegsmaterial zur Verfügung gestellt werden würde, auch eine Kriegserklärung Ungarns gegen Oesterreich sich wiederholen werde. Diese Bedenken waren zugleich Krisen, welche das Ganze, die Gesammtheit der österreichischen Monarchie in Frage stellten, den inneren Frieden der übrigen österreichischen Provinzen bedrohten, und vom historischen Staatsrechte Ungarns Opfer forderten. Da handelte es sich um die Frage, ob das Ganze einem Theile, ob die Gesammtheit des österreichischen Kaiserstaates, ob die Segnungen des innern Friedens aller österreichischen Provinzen einer einzelnen Provinz dieses Gesammtstaates zum Opfer gebracht, und den staatsrechtlichen Anforderungen Ungarns untergeordnet werden sollen, und da war das Geeignetste, was man unter solchen Zeitverhältnissen thun konnte, den Sondergelüsten Ungarns und einer eventuellen Realisirung dieser Tendenzen eine Politik entgegen zu stellen, welche geeignet wäre, eine Wiederkehr ähnlicher Bedenken und Krisen unmöglich zu machen, die Integrität der österreichischen Monarchie gegen separatistische Anfeindungen, und den inneren Frieden der nicht ungarischen Provinzen gegen brudermörderische Kriegsdrangsale zu sichern.

Je mehr man in Ungarn bestrebt war, die Bande der Einheit und Gesammtheit der österreichischen Monarchie durch Lostrennung von Oesterreich zu lockern, desto fester mussten „die tausend Fäden, welche durch diese Einheit und Gesammtheit gewunden sind, zusammen gezogen und zusammen gehalten werden *).

Je entschiedener nach dem 20. October 1860 das Auftreten mit dem Jahre 1848 diesseits der Laitha sich gestaltete, desto fester und entschlossener musste das Entgegentreten jenseits der Leitha werden. Je zäher das Festhalten Ungarns an das Jahr 1848, desto unerbittlicher musste der allerhöchste Träger des gesammt-österreichischen Scepters an die Politik der Einheit und der Integrität der Gesammtmonarchie sich festklammern. Zwischen diesen zwei Extremen, musste die constitutionelle Basis der Februarverfassung als das geeigneteste *Juste milieu* in die Mitte gestellt werden, und dies war nichts anderes, als die Folge jener Drohungen und Provocationen, welchen die Kundgebungen nach dem 20. October 1860 einen lauten und öffentlichen Ausdruck gaben, es waren unabweisliche Folgen, an denen Ungarn mit seinen Demonstrationen mit seiner Zähigkeit für das Jahr 1848 die alleinige und meiste Schuld trägt. Willst du Jemanden beschuldigen, so musst du selbst schuldlos sein **).

Man muthet aber von der entgegengesetzten Seite der Februarverfassung feindselige, Ungarn übelwollende

---

*) Aus der bei Eröffnung des auf den 5. Mai 1860 einberufenen Reichsrathes allerhöchst gehaltenen Thronrede.

**) Si culpare velis culpabilis esse cavebis. Ovidius.

Absichten zu, man will in diesem Einschreiten einen Wahlspruch entdecken, welcher in die Detailverträge und das darauf begründete historische Staatsrecht Ungarns willkürlich eingreift, und völkerrechtlich sich nicht rechtfertigen lässt. Wir wollen darauf weder die Antwort noch eine Widerlegung schuldig bleiben, und um unsere Gesinnungsgegner über jene Zumuthungen aufzuklären, welche sie der Februarverfassung entgegenstellen, widmen wir dieser Frage zwei besondere Capitel, welche wir sofort nach einander hier folgen lassen.

IX.

Die Februarverfassung und die Gesetzlichkeit des historischen Rechtsbodens Ungarns.

Wir wollen die Gesetzlichkeit des historischen Staatsrechtes Ungarns nicht verkennen, und eben so wenig in Abrede stellen, dass die Februarverfassung in die Detailverträge und die darauf begründeten staatsrechtlichen Institutionen eingegriffen habe; es wolle aber anderseits dabei nicht übersehen werden, was wir kurz bevor in dem Capitel VI dieser Schrift eindringlich beleuchtet haben, dass Ungarn mit seiner Verfassung des Jahres 1848 in Lebensgefahr schwebe, dass deren kurzes Leben von nur einigen Wochen Ungarn ins Verderben gestürzt habe. Es wolle ferner auch nicht verkannt werden, was wir ebenfalls im Capitel VI dieser Schrift einleuchtend gemacht haben, dass Ungarn mit seiner Verfassung von 1848 Oesterreich in zwei permanente feindliche Kriegslager theile, zu einer fortwährenden Kriegsbereitschaft auffordere, seine öffentliche Ordnung und Ruhe bedrohe, seine Finanzen erschüttere, und die Integrität seiner Gesammtheit in Frage stelle, und da dringen sich zwei wesentliche Fragen auf, deren jede wir insbesondere stellen und formuliren: 1. Ob die souveraine Macht, welcher ein Staat über seine Geschicke, sein Leben, dessen Dauer und Zukunft die Vollmacht ertheilt, und sie dafür verantwortlich gemacht hat, das Recht habe, Gesetze zu beseitigen, welche in die Zeitverhältnisse sich nicht fügen können, den Staat zu verderben oder ganz zu Grunde zu richten drohen? 2. Nach welchen völkerrechtlichen Begriffen die Integrität des Ganzen der Gesammtheit eines aus mehreren Provinzen bestehenden Staates einem einzelnen Theile des Ganzen, einer einzelnen Provinz des Gesammtstaates geopfert werden müsse?

Die Antwort auf die erste dieser zwei Fragen liegt in der Verfassung des Jahres 1848, in ihren Mängeln, in den Giftstoffen, welche diese Institution in sich birgt, und Ungarn ein trauriges Ende in Aussicht stellt, und da wir diese Unformen im Laufe dieser Schrift eingehend beleuchtet, und sie mit allen damit in Verbindung stehenden Calamitäten anschaulich gemacht haben, lässt sich damit die Frage, von welcher hier die Rede ist, von sich selbst beantworten, und da diesfalls die Antwort in der Frage selbst liegt, wären wir enthoben von der Nothwendigkeit, darüber Doctrinen aus den Theorien eines Hugo Grotius oder andern Auctoritäten und literarischen Berühmtheiten des Völkerrechtes aufzuweisen.

Wer auf gesunden Menschenverstand oder politische Mündigkeit Ansprüche macht, wer sein Vaterland aufrichtig liebt, dessen wohlverstandenes Interesse nicht verkennt, wird nicht Bedenken tragen, alles aus dem Wege zu räumen, was sein Vaterland in Lebensgefahr versetzt, und wenn das bestehende Gesetz etwa die veranlassende Ursache dieser Gefahr wäre, wird er auch da in das Nothwendige sich fügen, er wird etwa den Schmerz sich gefallen lassen, auch das bestehende Gesetz zu beseitigen, und wenn die Rettung des Vaterlandes es gebieterisch fordert, es auch gänzlich abrogiren, möge dies Gesetz eine staatsrechtliche Institution sein, möge sie auf staatsrechtlichen oder landtägigen Verträgen, möge sie auf der breitesten Basis der Freisinnigkeit beruhen; möge sie der Gegenwart, der Vergangenheit oder der Geschichte angehören. Das Leben, das Dasein des Staates ist die Grundbedingung, das oberste Gesetz, welchem alle andern Bedingungen alle andern Gesetze untergeordnet werden müssen.

Dies ist die Theorie des natürlichen Menschenverstandes, dies das Dogma des untrüglichen Natur- und Vernunftrechtes, dies ist jene Quelle, aus welcher die Staatsgelehrten und Gesetzgeber aller Zeiten und Jahrhunderte seit Plato, Aristoteles, Solon und Lykurg ihre politische Doctrinen geschöpft haben. Unsere Gesinnungsgegner wollen den Staat zu Grunde richten lassen, um die historischen gesetzlichen Traditionen zu verschonen. Gott behüte uns vor solchen politischen Religionen, möge man uns als Landesverräther bezeichnen, möge man uns als Hochverräther anklagen, und vor ein Blutgericht zur Rede und Antwort stellen, denn wir wollen unser Vaterland so lieben, dass es nicht sterbe. Sein Leben, sein Dasein ist unser höchster Preis, unser oberstes Gesetz, welchem jede andere Rücksicht weichen muss. Diese nämliche Frage, von welcher nun die Rede ist, haben auch die Völker der alten und neuen Zeit sogar republikanische Völker des alten Griechenlandes und Roms factisch oft beantwortet, und anerkannt, dass es im Staatsleben Krisen und Gefahren gebe, wo sogar die freisinnigsten politischen Institutionen um den höchsten aller Preise, um den Preis des Lebens des Staates geopfert werden mussten, wo man sich in den Tagen der Gefahr entweder mit der Dictatur oder mit andern Institutionen, welche sich in die Zeitverhältnisse fügen wollten, beholfen hat.

Die Ereignisse der Jahre 1848 und 1849 haben in Oesterreich die Zeitverhältnisse so geändert, dass neue Institutionen, welche in die neuen Zeitverhältnisse passen, geschaffen werden mussten.

Die Gefahren, welche Ungarn mit Verderben bedrohten, die Anforderungen der Integrität der gesammtösterreichischen Monarchie, das gemeinschaftliche Wohl und Weh aller österreichischen Provinzen waren die *Conditio sine qua non* zu dieser neuen Schöpfung, und das lag in den Pflichten der allerhöchsten Macht, mit welchen auch Rechte zu diesen Schöpfungen im engsten Zusammenhange standen.

Wollte man uns etwa den Vorwurf machen, dass wir mit unserer diesfälligen politischen Meinung vereinzelt da stehen, und für uns gar keine Meinung einer literarischen Auctorität haben, so hören wir darüber auch das Ansinnen eines von seiner Zeit viel gefeierten Staatsphilosophen, welcher in seinen politischen Schriften über einen ähnlichen Fall sich mit folgenden Worten vernehmen lässt: „Die Unbeugsamkeit der Gesetze, welche sie behindert, in die Zeitereignisse sich zu fügen, kann in gewissen Fällen verderblich werden und den Staat zu Grunde richten." — —

„Es können tausend Fälle vorkommen, welche der Gesetzgeber nicht voraussehen konnte, und gerade das Erkenntniss, dass man nicht Alles voraussehen könne, ist eben eine sehr nothwendige Voraussicht."

„In der Kräftigung der politischen Institutionen darf man nie soweit gehen, um sich selbst jede Macht zu benehmen, ihre Wirkungen suspendiren zu können, Sparta liess auch seine Gesetze schlafen" *).

Diese Worte schrieb ein Staatsgelehrter, zu dessen politischen Doctrinen, überhaupt genommen, wir uns nicht bekennen, davon sogar stets zurückgebebt haben, wir führen sie aber da absichtlich deswegen an, um unsere Gesinnungsgegner sogar mit den politischen Anschauungen eines Publicisten aufzuklären, dessen alle politische Gefühle der Freiheit der Völker, den freisinnigsten politischen Institutionen gehörten, welcher in seinen sämmtlichen Werken von dem Patriotismus, eben so wie unsere politischen Gegner schwärmt, und doch die Abschaffung der Gesetze einrathet, welche in die Zeitverhältnisse sich nicht fügen, und das Leben des Staates mit Gefahren bedrohen. Wenn die Gesetze in die Zeitverhältnisse sich nicht fügen, wenn ihre Unbeugsamkeit verderblich wird, und den Staat in Krisen versetzt, welche ihn zu Grunde richten können, dann darf man nie um die Mittel den Staat zu retten, ver-

---

*) L' inflexibilité des lois, qui les empêche de se plier aux évenements peut en certains cas les rendre pernicieuses, et causer la perte de l' état — — — —.

Il peut se présenter mille cas, auxquels le législateur n'a point pourvu et c'est une prévoyance très-nécessaire, qu'on ne peut tout prévoir.

Il ne faut donc pas vouloir affermir les institutions politiques, jusqu' à s' ôter le pouvoir d'en suspendre l'effet. Sparte elle même a laissé dormir ses lois. J. J. Rousseau.

legen sein, da bleibt nichts Anderes, nichts Besseres, nichts Eiligeres zu thun übrig, als das Vaterland, koste es was es koste zu retten, ehe es zu spät wird, und das ist nicht nur das Recht, sondern auch die Pflicht jener souverainen Macht, welcher ein Staat über seine Geschicke, sein Leben, seine Dauer und Zukunft die Vollmacht ertheilt, und sie dafür verantwortlich gemacht hat.

Was nun die zweite Frage betrifft, nämlich, nach welchen völkerrechtlichen Begriffen das Ganze der Gesammtheit eines aus mehreren Provinzen bestehenden Staates, einem einzelnen Theile des Ganzen, einer einzelnen Provinz des Gesammtstaates geopfert werden müsse?

Unsere politische Meinung könnte etwa als vereinzelt betrachtet werden, wenn wir die Antwort auf diese Frage unserem individuellen Ansinnen vindiciren würden. Wir lassen sie also mit den Worten der hinterlassenen Papiere des Grafen Aurel Dessewfy beantworten: „Die Politik einer Regierung, welche berufen ist, einen aus verschiedenen Theilen bestehenden Staatskörper zu beherrschen, kann in ihrem innern Walten nur durch das gemeinsame Interesse aller dieser Staaten geleitet werden. So oft das Interesse einer einzelnen Provinz mit dem Wohl des Ganzen in Zwiespalt geräth, muss es dem letztern geopfert werden, befinden sich aber die Interessen zweier oder mehrerer Provinzen im Widerspruche, so ist es die Aufgabe der Staatsverwaltung, den Streit im Geiste der Einigkeit und zum Besten des Ganzen auszugleichen"[*]. In diesem Geiste hat die Februarverfassung die Differenzen ausgeglichen, welche seit der ungarischen Verfassung vom Jahre 1848,

---

[*] Aus den hinterlassenen Papieren des Grafen Aurel Dessewfy. Seite 71. Band I.

zwischen Ungarn und dem gemeisamen Oesterreich und allen Provinzen dieses Gesammtstaates entstanden sind. Diese Worte schrieb und hinterliess eine der höheren ungarischen Intelligenzen, ein Ungar, welcher sein Vaterland nicht weniger liebte, als die glühendsten Anhänger der Verfassung des Jahres 1848, als die wüthendsten Gegner der Februarverfassung, aber dieser ungarische Patriot hatte Herz und Kopf am rechten Flecke, er liebte sein Vaterland in dessen wohlverstandenem Interesse, er war ein Staatsmann von richtigem politischen Blicke, und hat begriffen, dass Ungarn vereinzelt an sich selbst angewiesen, und nur sich selbst überlassen ohne Oesterreich nicht bestehen, nicht leben, sich auf lange Dauer nicht erhalten könne, und mit Oesterreich um jeden Preis mitgehen müsse. Er hat es für einen Unsinn gehalten, jenen sogenannten Staatsmännern anzugehören, welche sich einbilden, dass man einen Strom aus seinem Bette hinauszwängen, und ihn in eine andere Strömung verdrängen könne, ohne jene Apparate und Materialien zu besitzen, welche der Riesenkraft dieses Elements gewachsen wären.

X.
Von der vermeintlichen Verwirkung der staatsrechtlichen Institutionen Ungarns.

Ungarn hat mit dem während der Ereignisse der Jahre 1848 und 1849 verübten Debreeziner Attentate gegen den allerhöchsten königlichen Thron sich factisch von Oesterreich getrennt, in seinen innern und auswärtigen

Angelegenheiten als ein aus dem österreichischen Staatsverbande ausgeschiedener, selbstständiger, von Oesterreich nicht mehr abhängiger Staat sich gerirt, hat mit einer sich angemassten souverainen Unabhängigkeit in auswärtigen Angelegenheiten durch seine diplomatischen Missionen mit fremden Staaten verkehrt, Allianzen gegen Oesterreich unterhandelt, und sich überhaupt zu Oesterreich jene völkerrechtlichen Verhältnisse angemasst, in welchen souveraine und unabhängige Staaten und Mächte neben einander stehen. In dieser Haltung hat Ungarn im Laufe der Ereignisse 1848 und 1849 Oesterreich einen Krieg erklärt, als eine kriegführende auswärtige Macht seine Waffen auf das österreichische Gebiet in kriegerischer Absicht getragen, und seine Armeen in gleicher kriegerischer Feindseligkeit gegen die kaiserliche Residenz geführt. Da stand Oesterreich mit dem eine souveraine Unabhängigkeit sich anmaassenden Ungarn, es stand da Nation gegen Nation, Staat gegen Staat in einem Kriege, wie ihn fremde unabhängige Mächte führen, wenn sie zur Austragung ihrer internationalen Staatshändel an die Gewalt der Waffen appelliren. In diesem Kriege unterlag Ungarn den siegreichen Waffen der österreichischen Armee. Seitdem die Geschichte die Annalen der Kriege aufzeichnet, seitdem die souverainen Mächte die Fragen ihrer Staatsstreitigkeiten den Wechselfällen des Krieges unterziehen, wurden immer die Rechte des Sieges und der Eroberung von den Siegern geübt, und von letzteren den Besiegten die Friedensbedingnisse vorgeschrieben. Dies Recht wurde seit Menschengedenken von der allgemeinen Gepflogenheit und mit stillschweigender Zustimmung aller Nationen der Welt zur Kraft des positiven Gesetzes des öffentlichen Rechtes der

Völker erhoben. Ziehen wir nun in Erwägung, ob der Besieger Ungarns nach den Ereignissen von 1848 und 1849 von dem Rechte seines Sieges mit den Maassregeln vom 20. October 1860 und 26. Februar 1861 einen Gebrauch gemacht? Ob er damit die Strenge des ihm von dem Völkerrechte zuerkannten Eroberungsrechtes über Ungarn ergehen liess? Ob er diesfalls jene Strenge geübt habe, zu welcher ihm als Sieger die Haltung Ungarns Oesterreich gegenüber nach dem 1849 beendigten Feldzuge Anlass und ein gegründetes Recht gegeben hat?

Der von Ungarn während der Ereignisse der Jahre 1848 und 1849 gegen Oesterreich geführte Krieg hat die mit der pragmatischen Sanction besiegelte Einheit, Gesammtheit, Untheilbarkeit und Integrität der österreichischen Monarchie bedroht, das Debrecziner Attentat den tausendjährigen kaiserlichen Thron Oesterreichs angefeindet. Es mussten nach beendigtem ungarischen Feldzuge Garantien zur Wahrung der gesammtösterreichischen Integrität, es mussten Bürgschaften gegen Anfeindungen des allerhöchsten Thrones geschaffen werden. Die Möglichkeit dieser Garantien bot nur eine wohlbefestigte Einheit der Gesammtmonarchie. Um diese Einheit zu befestigen, mussten die gemeinschaftlichen nebst Ungarn auch die nicht ungarischen österreichischen Provinzen betreffenden Angelegenheiten in eine Hand zusammengezogen werden, und diese Zusammenziehung war nicht nur ein Recht, sondern auch eine Pflicht, welche die souveraine Macht der Selbsterhaltung der gesammtösterreichischen Monarchie schuldig war, und auch in dem positiven Gesetze ihre Begründung und Rechtfertigung findet, weil die Gemeinschaftlichkeit dieser Angelegenheiten mit der pragmatischen Sanction besiegelt, und nebstdem von dem §. 13. des III. Gesetzartikels der Verfassung vom Jahre 1848 *in optima forma Juris* von Ungarn anerkannt, und von dieser Seite auch nie in Abrede gestellt wurde.

Ungarn hat mit seiner 1848 und 1849 gegen Oesterreich eingenommenen Haltung einer aus dem österreichischen Staatsverbande ausgeschiedenen Macht souverainer Unabhängigkeit, es hat mit dem in dieser Haltung gegen Oesterreich geführten Kriege auch alle damit verbundenen Folgen übernommen, und musste sich gefallen lassen, nach erlittener Niederlage von diesen Folgen getroffen zu werden. Aber der Besieger Ungarns war weit davon entfernt, von seinem Rechte des Sieges nach der Strenge der von der Gepflogenheit aller Länder und Nationen sanctionirten Kriegsgesetze einen Gebrauch zu machen. Er sah mit der ritterlichen, edlen Seelen angestammten Grossmuth in dem von Ungarn gegen Oesterreich geführten Kriege eine Fahne der Rebellion, er sah in den ungarischen Kriegsschaaren verführte, fanatisirte, von dem Rausche der Rebellion betäubte Massen, entriss der Revolution die Fahne, übergab die Häupter und Führer des Aufruhres der strafenden Gerechtigkeit, übte im Uebrigen statt des Eroberungsrechtes grossmüthige Verzeihung und übergab Alles sonst Geschehene der Vergessenheit, denn er that Ungarn nicht mehr wehe, als er dazu inmitten der von der gebändigten Revolution zurückgelassenen Zeitverhältnisse von Ungarn genöthigt, bemüssigt und aufgefordert wurde. Der 20. October 1860 war provocirt durch die Ereignisse der Jahre 1848 und 1849 und musste ihnen im Interesse der Selbsterhaltung Oesterreichs als conservative politische Nothwendigkeit nachfolgen. Der 26. Februar

1861 ist eine conservative Maassregel, deren Nothwendigkeit provocirt war von den Kundgebungen, welche nach dem 20. October 1860 folgten, und die gesammtösterreichische Integrität anfeindeten.

Man wende uns nicht ein, dass die Februarverfassung nicht nur das Staatsrecht Ungarns von 1848, sondern auch jenes von 1847 verschlungen habe, denn weder der 20. October 1860, noch der 26. Februar 1861 will das historische und politische Leben Ungarns angreifen, die Februarverfassung verträgt sich mit dessen historischer Autonomie. Neben ihr bewegt sich die dicasteriale und municipale Autonomie Ungarns mit ihrem traditionellem Justizwesen von erster bis zu höchster Instanz in unbelästigter Thätigkeit, die Februarverfassung überlässt Ungarn seine Autonomie in der Legislation für specifische Ungarn betreffende Angelegenheiten, nur werden der ungarischen Legislative gemeinschaftliche, alle österreichische, ungarische und nicht ungarische Provinzen betreffende Angelegenheiten der Steuer- und Rekrutenfrage entzogen. Dadurch sind aber diese Factoren der historischen Verfassung nicht verwirkt, sie wurden ihr nicht entzogen, um Ungarn dieser vorzüglichsten Factoren seiner avitischen Constitution zu berauben, sondern um sie als gemeinschaftliche Angelegenheiten aus der historischen Verfassung in die gemeinsame constitutionelle Verfassung aller österreichischen Länder und Völker zu übertragen, wodurch Ungarn den Vortheil hätte, im compacten Bunde mit der Repräsentation aller österreichischen Völker die Steuer- und Rekrutenangelegenheit zu vertreten, wo Opposition geboten wäre, mit vereinten Kräften zu opponiren und weit bessere Erfolge zu erringen, als dies von dem vereinzelten, durch seine nationalen und sprachlichen Streitigkeiten zerrissenen und entkräfteten Ungarn sich erwarten liesse. Die Februarverfassung hat nicht das avitische historische Staatsrecht Ungarns verschlungen, sie hat es lediglich reformirt, um die staatsrechtlichen Verhältnisse Ungarns zum Gesammtösterreich in Folge der durch die Ereignisse von 1848 und 1849 hervorgerufenen Störungen, auf das mit der pragmatischen Sanction bezeichnete Maass zurückzuführen, und diese Reducirung auf ihr gerechtes Maass ging nicht weiter, als in wie weit dies von den Provocationen der Jahre 1848 und 1849, und den Garantien der gesammtösterreichischen Monarchie geboten war, und in diesem Gebote lag die unerbittliche Nothwendigkeit, die gemeinschaftlichen Angelegenheiten in eine Hand des gemeinsamen legislativen Staatskörpers zusammen zu ziehen und die Einheit der Monarchie damit zu befestigen, um die Versuche einer Trennung Ungarns von Oesterreich unschädlich und unmöglich zu machen. Hat je, seitdem Staaten Kriege führen, ein Sieger mit dem Besiegten grossmüthiger, milder verfahren? Wollen etwa die Staatsphilosophen Ungarns, dass Oesterreich als Sieger vor dem besiegten Ungarn sich beuge, sich von ihm Friedensbedingungen vorschreiben lasse, dass Oesterreich die Integrität seiner Gesammtheit, sein Dasein und Leben, seine ruhmreiche Vergangenheit, seine Zukunft aufs Spiel setze, damit ja nicht der Geschichte Ungarns ein Haar gekrümmt werde? Solche Ueberspannungen gleichen jenem Wahne, welchen ein Dichter unsterblichen Namens den schrecklichsten der Schrecken nannte.

XI.

Ueber die Verantwortlichkeit der Legislative für die staatsrechtlichen Institutionen Ungarns alter und neuerer Zeit.

Man wende uns nicht die Unveräusserlichkeit der staatsrechtlichen Institutionen Ungarns ein. Wir stellen diese nicht in Abrede und wollen auch nicht verkennen, dass die Legislative den Generationen der Vergangenheit, der Zukunft und der Gegenwart dafür verantwortlich sei. Wir glauben aber, dass diese Regel eine Ausnahme nicht ausschliesse, sonst dürften weder die Zeiten, noch ihre Verhältnisse sich je ändern. Die Reformen der politischen Institutionen, die Fortschritte der Civilisation wären ein Fluch der Generationen der Vergangenheit, der Zukunft und der Gegenwart, mit welchem sich jede Legislative beladen würde, die sich beikommen liesse, mit dem Zeitgeiste vorzuschreiten, und ihre politischen Institutionen darnach zu reformiren, abzuändern oder, wenn die Erhaltung des Staates es gebietet, ganz zu abrogiren.

Die Verfassung des Jahres 1848 war nicht ein Werk der Reformen, sie hat die früher bestandene feudale Verfassung nicht etwa abgeändert oder reformirt, sie ist das Werk eines Neubaues, welches der Geist neuerer Zeiten geschaffen hat. Mit ihr sind die wesentlichsten Bestandtheile der feudalen Verfassung (von 1847): die adeligen Prärogative, die Steuerimmunitäten des Adels, die bäuerlichen Lehensverhältnisse, das grundherrliche Eigenthum abrogirt. Mit deren Abrogirung hat sich die Seele von ihrer Hülle getrennt, damit hat diese Hülle zu leben und zu sein aufgehört. Das Jahr 1848 hat jenes von 1847 todt gemacht. Die Schöpfung der Verfassung des Jahres 1848 ist gleichbedeutend mit der Abschaffung der älteren historischen Verfassung von 1847. Die Verantwortung dafür lastet auf der Legislative von 1848, welche sie todt gemacht hat, und eine spätere Legislative hat dafür gar nichts zu verantworten.

Was nun die Verantwortlichkeit für die Verfassung vom Jahre 1848 betrifft, da gäbe es mehr Verantwortungen für eine Realisirung oder Continuirung dieser Verfassung, als für deren Abrogirung. Wir haben anderswo (im Capitel VII. dieser Schrift) einleuchtend gemacht und mit Thatsachen constatirt, dass diese Verfassung aus Ungarn einen Phantasiestaat permanenter Revolutionen, Anarchien und Bürgerkriege machen würde, dass sie Tod und Verderben, von welchen Ungarn über kurz oder lang ereilt werden würde, in sich berge. Wer Ungarn aufrichtig liebt, muss sich davon mit Abscheu wegwenden, und würde sich mit dem Fluche der Posterität beladen, wenn er diese Verfassung leben und damit über sein Vaterland Tod und Verderben bringen liesse.

Ein analoger Fall war ja mit der *Bulla aurea* Königs Andreas II., welche in gewissen Fällen der Nation Ungarns das Recht ertheilte, dem Könige gewaltsamen Widerstand zu leisten. Auch diese Magna Charta Ungarns hatte mit dieser Clausel ebenso wie die Verfassung des Jahres 1848 Unformen, welche Ungarn in dem Strudel der Anarchie zu verderben drohten, die Legislative damaliger Zeit sah dies ein, abrogirte die Widerstandsclausel, nahm dafür die ganze

Verantwortung auf sich, und dies wurde sowohl von ihrem Zeitalter, als auch der Nachkommenschaft aller späteren Generationen als eine heilsame und wohlthätige Reform begrüsst. Es ist auch seither nie Jemanden in den Sinn gekommen, die damalige Legislative zu Rede zu stellen, sie etwa mit Fluch zu beladen, oder auch nur zu tadeln, am wenigsten aber sie eines unlauteren Patriotismus zu zeihen, weil sie einen Artikel der Verfassung abschaffte, welcher geeignet war, Ungarn zu zertrümmern und in lauter Scherben zu schlagen.

Ebenso verhält es sich mit den adeligen Prärogativen, mit der Besteuerung des Adels, den auf dem adeligen Besitzthum haftenden Frohndiensten und dem grundherrlichen Eigenthume, mit welchem der Bauer Ungarns belehnt war. Alles dieses hat die Legislative des Jahres 1848 in einem Athem- und Federzuge weggefegt. Diese Begünstigungen des ungarischen Adels waren historische, in der avitischen Verfassung Ungarns radicirte Errungenschaften und sind als deren Bestandtheile mit den staatlichen Urrechten Ungarns von seiner Geschichte gleicherweise überliefert, sie haben sich von den Ahnherren der Urzeiten bis an die Generation unseres Zeitalters vererbt, gegen ihre Abschaffung haben mächtige, von den obersten Principien des Eigenthumes geheiligte Rechtsgründe gestritten, weil mit der Abolirung der bäuerlichen Lehensverhältnisse das Heiligthum des Eigenthums angetastet, der besitzende Adel seines Eigenthumes entkleidet und ganz verlustig wurde, was sich weder mit dem Rechtsbewusstsein, noch mit den Grundbedingungen des positiven Rechtes, noch mit dem guten Rechte eines redlichen Erwerbes verträgt, und doch trug die Legislative des Jahres 1848 kein Bedenken, die ganze

Last aller dieser schweren Verantwortungen auf sich zu laden, und es ist auch seither Niemanden je durch den Sinn gefahren, auch nur mit einem Laute des Vorwurfes oder Tadels die Gesetzgebung dafür auch nur zu perhorresciren viel weniger sie dieserwegen vor der Geschichte zur Rede zu stellen.

XII.

Ueber den Ausgleich der ungarischen Frage.

Die ungarische Frage und die Fluth der Flugschriften über den Ausgleich dieser Frage, mit welchen man die Oeffentlichkeit zu überschwemmen drohte, erinnert stark an einen Weisheitsspruch eines indischen Gelehrten, dessen Worte Voltaire so wiedergibt: „Ich sah alle Secten gegenseitig sich anfeinden und hörte alle Magier über das höchste Wesen und das letzte Ende sich gegenseitig in die Haare fahren; ich sah bei allen diesen Chefs der Factionen nichts anderes, als eine unbeugsame Hartnäckigkeit, gegenseitige Verachtung und einen unversöhnlichen Hass, und ich nahm mir vor, keinem von ihnen zu glauben. Diese Gelehrten, welche nach der Wahrheit forschen, gleichen einem Weibe, welches ihren Geliebten durch eine verborgene Thüre zu sich kommen lassen will, aber den Schlüssel davon nicht finden kann." In diesem Spruche eines indischen Brahminen liegt eine auffallende Aehnlichkeit mit der ungarischen Frage und ihrem Ausgleiche, denn fast jedes Wort und der ganze Sinn dieses Weisheitsspruches bildet sich ab in den Streitigkeiten, welche sich um die ungarische Frage drehen. Unsere Unbeugsamkeit, mit welcher wir diesfalls um jeden Preis kämpfen, gleicht dem Weibe dieses Spruches, welches den Schlüssel der verborgenen Thüre nicht finden kann.

Unsere Verfassung vom Jahre 1848 hat die Loyalität Ungarns gegen den königlichen Thron schwer compromittirt, dessen Nationalversammlung zum Debrecziner Attentate und zum Kriege verleitet, welchen Ungarn im Laufe der Ereignisse der Jahre 1848 und 1849 gegen Oesterreich führte, um seine Trennung von der Gesammtmonarchie zu erringen, und die Legitimität der mit der pragmatischen Sanction besiegelten dynastischen Erbfolge mit dem Schwerte in der Hand zu zerhauen. Nun wollen wir die Continuität eines Rechtes, welches uns zu allen diesen schweren Vergehen verführt hat. Wir wollen es um jeden Preis, gleichviel ob wir leben oder sterben. Wer über unsere Loyalität mit sich noch nicht im Reinen war, kann darüber nicht mehr in Zweifel sein, denn wir haben unsere zweideutige und illoyale Politik mit unseren politischen Sünden vom Jahre 1848 und 1849 schon constatirt. Sind wir seit dem 20. October 1860 anders? Sind wir besser oder klüger geworden? Wir vernahmen im Pester Parlamente von 1861 Reden, deren eine schöner und genialer war als die andere, wir fanden in ihnen und der Adresse dieses Landtages, ausser ihren schönen Phrasen, ausser der Dialectik eines verhängnissvollen Rechthabens, leider! nichts anderes, als die alten Sünden von 1848 und 1849, dieselben Trennungsgelüste, dieselben Anfeindungen des allerhöchsten Thrones, womit wir abermals constatiren, dass wir mit unseren heissblütigen Begeisterungen für die Continuität der mit der Verfassung des Jahres 1848 begründeten, unstreitig rechtlichen, aber eben so verderblichen Zustände nicht aufhören wollen, illoyal zu sein, und dass wir mit einer so unbeugsamen Zähigkeit unmöglich den Schlüssel der verborgenen Thüre des Ausgleiches finden werden.

Wir unterhandeln einen Vergleich und stellen dazu Grundbedingungen, welche das Zustandekommen eines Ausgleiches schon in seinen Präliminarien unmöglich machen, und keinen Zweifel übrig lassen, dass es uns nichts weniger als Ernst mit der Begleichung der ungarischen Frage sei*).

Der glücklichste Unterhändler eines Ausgleiches ist eine solche Mitte, welche zwischen den Ansprüchen der den Ausgleich negocirenden Parteien nach beiden Seiten eine Anziehungskraft hat, und geeignet wäre, die beiderseitigen Anforderungen näher an einander zu bringen. Diesseits der Leitha will man eine Verfassung, deren verborgene Tendenzen nichts weniger im Schilde führen, als eine Ausscheidung aus dem österreichischen Staatsverbande. Anderseits (jenseits der Leitha) will man diese Tendenzen unschädlich machen, die Integrität der gesammtösterreichischen Monarchie damit wahren, dass die Gesammtheit der Monarchie in ihrer wohlbefestigten Einheit gesichert werde.

In diesen beiderseitigen Anforderungen stehen sich zwei Extreme gegenüber, nach einer Seite die Bedrohung

---

*) Nos Cicérons avec toute leur éloquence n'ont persuadé que ceux qui avant de les entendre étaint de leur avis.

Unsere Ciceronen haben mit ihrer ganzen Beredsamkeit niemand Anderen überzeugt, als Jene, welche ihrer Meinung waren, bevor sie von ihnen vernommen wurden.

Paul Louis Consier,
Lettre IX. au Redacteur du Censeur.

der Integrität des Gesammtösterreich, nach anderer Seite Wahrung dieser Integrität und damit in Verbindung stehende Garantien. Zwischen diesen Extremen wäre die Februarverfassung jene Mitte, welche nach beiden Seiten dieser im Streite begriffenen Ansprüche nicht wenig Anziehungskraft hätte, und auch geeignet wäre, sie näher an einander zu bringen. Die Februarverfassung fasst in sich solche Bedingungen, mit welchen beide im Ausgleiche begriffenen Parteien sich zufrieden zu stellen Ursache hätten, und Ungarn hätte dazu mehr als eine Ursache.

Die Februarverfassung birgt in sich keine Ungarn übelwollende Absichten. Richtig aufgefasst will sie Ungarn wohlthuen, und will auch nicht Rechte erzwingen, welche mit der positiven Gesetzgebung Ungarns im Widerspruche stehen. Auch die Gesetzlichkeit ihres Bodens kann nicht in Zweifel gezogen werden. In erster Reihe will sie die Verfassung von 1848 unschädlich und hiedurch die Wiederkehr jener Bürgerkriege, welche Ungarn mit Tod und Verderben bedrohen, unmöglich machen; sie will Ungarn vor jenen Eventualitäten beschützen, welche einem gegen das Herz Ungarns gerichteten scharf geschliffenem Dolche gleichen, und dies ist eine Wohlthat, für welche Ungarn der Februarverfassung Dank schuldig wäre.

In zweiter Reihe will sie die mit der Verfassung des Jahres 1848 gestörten staatsrechtlichen Verhältnisse Ungarns zum österreichischen Gesammtstaate auf jenes rechtliche Maass zurückführen, welches durch die pragmatische Sanction enuncirt, von Ungarn in Form eines Dietalvertrages acceptirt und im constitutionellen Wege anerkannt worden ist, sie will nämlich die mit der da anerkannten dynastischen Erbfolge der österreichischen Kaiser besiegelte Untheilbarkeit und Integrität der österreichischen Gesammtmonarchie, welche von Ungarn mit der Waffe in der Hand bedroht und mit dem 1848 und 1849 gegen Oesterreich geführten Kriege in der That zu vernichten versucht wurde, sicherstellen. Sie will dies Alles durch Garantien erreichen, deren Gesetzlichkeit nicht in Zweifel gezogen werden kann, denn sie will einige Angelegenheiten, welche ausser Ungarn auch andere österreichische Provinzen betreffen, in die einheitliche Hand einer allen österreichischen Ländern und Völkern gemeinsamen Vertretung legen, um durch diese Operation die Einheit Oesterreichs zu befestigen, und damit jene Gefahren entfernen, welche dessen Integrität von Ungarn aus bedrohten, und da die Gemeinschaftlichkeit der die ungarischen und nicht ungarischen österreichischen Provinzen betreffenden Angelegenheiten durch den §. 13. Artikel III der Verfassung vom Jahre 1848 von Ungarn anerkannt, und auch sonst von keiner Seite in Abrede gestellt wird, da sie auch in der pragmatischen Sanction gesetzlich begründet ist, so findet die mit dem 20. October 1860 und 26. Februar 1861 verfügte Centralisation dieser gemeinschaftlichen Angelegenheiten in der positiven Gesetzgebung Ungarns ihre Rechtfertigung. Diese Vermittlung der Februarverfassung zwischen den staatsrechtlichen Ansprüchen diesseits und jenseits der Leitha, benimmt nicht Ungarn seine von der Geschichte überlieferten constitutionellen Freiheiten, sie will es nicht seiner historischen Autonomie in dem dicasterialen, municipalen und behördlichen Staatsleben berauben, sie belässt Ungarn sein *Tripartitum*, sein *Corpus juris*, seine historische Gesetzgebung, sein Justizwesen von der ersten bis zur höchsten Instanz, seine königliche Gerichts- und Septemviraltafel, seine historische *Curia regia*.

Die Steuer- und Rekrutenfrage werden der historischen Verfassung entzogen, nicht etwa, um Ungarn — wie wir dies schon im X. Capitel anschaulich gemacht haben, — dieser vorzüglichsten Factoren seiner historischen Verfassung und seiner constitutionellen Freiheiten ganz zu verlustigen, sondern um sie als gemeinschaftliche, ausser Ungarn auch die übrigen österreichischen Provinzen betreffende Angelegenheiten aus der provinziellen Verfassung Ungarns in die gemeinsame Verfassung aller österreichischen Länder zu übertragen, und sie einer vereinten Berathung der Reichsvertretung des gesammten Oesterreich zu unterziehen. Dadurch ist aber die mit der historischen Verfassung überlieferte Legislation Ungarns für specifische ungarische Angelegenheiten, welche mit jenen der übrigen österreichischen Provinzen nichts Gemeinschaftliches haben, nicht abolirt. Ungarn bleibt neben der Februarverfassung noch immer unbenommen die Codification seiner Gesetze privatrechtlichen Charakters, die Gesetzgebung in Cultus- und Unterrichtsangelegenheiten.

Staatsrechtliche Institutionen Ungarns sind im Wege und in der Form der zwischen der Repräsentanz des Landes und der Krone landtägig declarirten Dietalverträge entstanden, und können nicht anders als in jenem Wege abgeändert, reformirt, und auch nicht in anderer Form abrogirt werden, als in diesem Wege, in welchem sie rogirt wurden und entstanden sind. Niemand will dies bestreiten, und die Februarverfassung will es auch nicht verkennen, und deswegen will sie sich Ungarn weder aufnöthigen noch aufdringen, noch gegen dessen in constitutioneller Form geäusserten Willen octroyiren. Sie will als eine Vermittlerin der seit 1848 im Streite begriffenen staatsrechtlichen

Differenzen in dem nächst bevorstehenden ungarischen Landtage vortreten, ihn über ihre Annahme oder Nichtannahme befragen und sich Eingang in Ungarn nur dann verschaffen, wenn sie von einer auf dem ungarischen Landtage versammelten Volksrepräsentanz angenommen und in die Formen eines Dietalvertrages durch eine landtägige Declaration eingefasst sein wird.

Mit dieser Mediation der Februarverfassung würde Ungarn Vieles retten, was bei dem im Laufe der Ereignisse der Jahre 1848 und 1849 erlittenen Schiffbruche untergegangen und von den Wogen der Revolution auf immer verschlungen worden wäre. Wir haben irgendwo im Laufe dieser Schrift (Capitel VIII.) anschaulich gemacht, dass das Entstehen der Februarverfassung von den Ereignissen der Jahre 1848 und 1849 provocirt und abgenöthigt, und da an diesen Ereignissen Ungarn die meiste Schuld trägt, durch dessen Verschuldung veranlasst worden ist. Ungarn hat wegen diesem seinem Verschulden Schiffbruch gelitten, es möge Hand an's Herz legen, sich glücklich preisen, und der Februarverfassung danken, wenn sie einen Ausgleich vermittelt, mit welchem, wenn nicht Alles, doch Vieles gerettet wäre, was sich bei einem erlittenen Schiffbruch retten lässt. Der Geist der Versöhnlichkeit lässt sich schon in der Genesis der Februarverfassung wahrnehmen, wie wir dies in dem Capitel VIII. (von dem Entstehen des 20. October 1860 und 26. Februar 1861) eingehend ersichtlich gemacht haben. Sie befestigt und söhnt aus die Integrität und die Gesammtheit Oesterreichs durch die Centralisirung der gemeinschaftlichen Angelegenheiten ohne dadurch Ungarn in seinen constitutionellen Freiheiten, oder in seiner historischen Autonomie weh zu thun und diese ihre Anziehungskraft nach beiden Seiten vereinigt in sich alle Vermittlungseigenschaften zu einer definitiven Begleichung der in der ungarischen Frage schwebenden Differenzen.

Wollten wir ungeachtet Alles dessen von unserem politischen Wahne für die Rechtscontinuität uns nicht abbringen lassen, wollten wir mit der bisherigen Zähigkeit noch immer mit dem Jahre 1848 stehen und fallen, dann wollen wir Ungarn in seinen gewitterschwangeren Eventualitäten, welche in dem Jahre 1848 verborgen liegen, untergehen lassen — — — dann wissen wir wahrlich nicht, was wir wollen, oder wir haben im Unglück nichts vergessen, nichts gelernt.

XIII.
Die politischen Gesinnungen und der Terrorismus des Nimbus.

Man bildet sich in Ungarn ein, dass in dem politischen Glaubensbekenntnisse Deák's und seinem Adressentwurfe der Gesammtwille der Nation personificirt sei, wo es keine getheilte, sich gegenseitig widerstrebende Meinungen, keine Gegenpartei gibt. Man hat dieser Einbildung einen feierlichen öffentlichen Ausdruck gegeben, und dies in Wort und Schrift dem In- und Auslande eingeredet. Auch darüber wäre eine Aufklärung hier an ihrem Platze.

Man erblickte in Pest in dem a. h. Februarpatente eine Gefahr für die historische Landesverfassung und es lag in der Politik des Landtages, dagegen die Solidarität der ganzen Nation als die geeignetste und die einzige Waffe, über welche Ungarn gebieten konnte, zu erheben. Im Geiste dieser Politik musste gegen die Februarverfassung ein Gesammtwille der Nation, in so ferne er in der Wirklichkeit nicht existirte, künstlich erzeugt werden. In Ungarn lebt ein Mann, in welchem sich ein ausgezeichnetes Talent mit einer Fülle und Reife juridischer Sachkenntnisse und Erfahrungen vereinigen, dessen reiner, nie getrübter Patriotismus, nie gebeugte Festigkeit des Charakters, nie zum Wanken gebrachte Loyalität, dessen Thätigkeit und Verdienste in den öffentlichen Landesangelegenheiten die öffentliche Aufmerksamkeit oft auf sich gezogen haben. Diese Verdienste und Tugenden verehrt das ganze Land in Deák mit einer Pietät, welche die Kinder gegen ihre Väter beseelt. Die Politik des Landtages und dessen Notabilitäten erkannte in ihm den geeignetsten Mann, durch dessen Nimbus ein ungetheilter Wille des Landtags und der ganzen Nation als eine Personification sich erzeugen liesse, und gegen die Februarverfassung erhoben werden könnte. Im Geiste dieser Politik musste der Nimbus des Deák in einem erhöhten öffentlichen und feierlichen Glanz gestellt, die Stimmung der öffentlichen Meinung damit bearbeitet werden, und Deák wurde von den Notabilitäten des Landtages an dessen Spitze gestellt, mit Bewunderungen seiner hohen Eigenschaften ausgezeichnet und mit Begeisterungen gefeiert. Diese Begeisterungen wurden mit dem Weihrauche der Tagespresse und den Vertrauensadressen der Municipien geräuchert, und zur Höhe der Mittagshitze getrieben, so dass Jeder, der für Deák oder sein politisches Bekenntniss sich nicht begeistern wollte, in Gefahr stand, als Landesverräther verhöhnt oder auch misshandelt zu werden. Aus der Tagespresse, aus dem Landtage, aus den an Deák erlassenen Vertrauensadressen der Municipien ergoss sich der Strom der Begeisterung für Deák in die Massen des Volkes und gestaltete sich zu einer vom Sturme bewegten Fluth, welche Alles mit sich riss, und Alles, was nicht mitströmen wollte, oder im Wege stand, zu verschlingen und zu verderben drohte, wo es gefährlich war selbst Zeichen einer Negation blicken zu lassen, am wenigsten einer Gegenmeinung den Ausdruck zu geben, weil Niemand als Feind, als Verräther des Volkes, in dessen Mitte er sich bewegt, angesehen, noch weniger als solcher verhöhnt, am wenigsten misshandelt sein will. Unter diesen terroristischen Eindrücken und Einflüssen der eben auseinander gesetzten taktischen Operation bildete sich gleich einer im Treibhause gezogenen Pflanze eine taktisch bearbeitete, ungetheilte Meinung für Deák und sein politisches Programm, welche, wie jede getriebene Pflanze, wenige oder ungeniessbare Früchte brachte.

Ein jedes Volk als Masse betrachtet, sich selbst ohne einen Führer überlassen, fühlt sich rathlos, unbehilflich und eben so schwach und verzagt, wie es mit einem Führer an der Spitze gestärkt, ermuthigt und zu jeder Aufopferung bereit und entschlossen sich fühlt. Deswegen sieht sich jedes Volk in den Tagen der Gefahr nach einem Führer um, welchem es sich anvertraut, den es an seine Spitze stellt, von dessen Worten es mit einer instinctartigen und blinden Ergebenheit sich begeistern lässt, und dem es, sei es in's Feuer oder Wasser, opferwillig nachgeht, wobei Instinkt, oder eine strömende mitreissende Gewalt verirrter politischer Begriffe ihre Alles absorbirende Macht ausüben, jede geistige freie Bewegung, die Selbständigkeit und Unabhängigkeit der Ueberzeugungen verscheuchen und knechten.

Alle diese Erwägungen berechtigen zu der offen gebliebenen und noch nicht gelösten Frage:

Ob es in dem Ausdrucke des vermeintlich ungetheilten Willens der Gesammtnationen für das politische Programm des Deák etwa auch verschlossene Gegenmeinungen einer grossen Gegenpartei gegeben habe, welche, um nicht vom Strome verschlungen zu werden, gegen seine Gewalt Nichts wollen und handeln dürfte? Wir werden dies Enygma vielleicht nicht schlecht lösen, wenn wir ein tief verhülltes Geheimniss aus der Schule schwatzen, dass zu diesen verschlossenen Gegenmeinungen des Deákischen Programms eine grosse Partei gehörte, und an ihrer Seite vielleicht auch Deák stand, aber anders weder wollen noch handeln durfte, weil mit dem Nimbus des Deák auch Deák terrorisirt war.

XIV.
Die Nationalitäten, die staatsrechtlichen Institutionen Ungarns und die öffentliche Meinung.

Die Waffe, mit welcher man diesseits der Leitha die Februarverfassung bekämpft, ist die öffentliche Meinung, und weil dies die einzige und alleinige Waffe ist, über welche Ungarn in dieser Hinsicht verfügen kann, setzt man alle Triebfedern der öffentlichen Presse in Bewegung, um daraus eine mächtige Waffe, eine feuerspeiende, Alles ver-

Aufklärungen.

nichtende Artillerie zu machen, das In- und Ausland, wo möglich auch die Bewohner anderer Planeten glauben zu machen, dass die öffentliche Meinung Ungarns gegen die Februarverfassung sich entrüste, und sie zurückstosse. —

Diese öffentliche Meinung aber beschränkt sich blos auf die magyarische Nationalität und findet ihren Ausdruck in der Tagespresse ihrer Zunge und so gestaltet sich jene öffentliche Meinung, aus welcher die Tagespresse einen Riesen macht, zu einem Zwerge. Es ist eine lebendige Thatsache und es kann von unsern entschiedensten Gegnern nicht geleugnet werden, dass der Volksstamm der Magyaren nach dem ethnographischen Maassstabe die schwächste Nationalität Ungarns ist, und dessen Opposition gegen die Februarverfassung einen unbedeutenden Bruchtheil der diesfälligen öffentlichen Meinung ausmache. Das magyarische Element gleicht ja einem Tropfen in dem Oceane der nicht magyarischen Nationalitäten, einem Sandkorne der Sandwüste, und dann dürfte die öffentliche Meinung, von welcher hier die Rede ist, in eine Null sich auflösen.

Man befrage nur die Nationalitäten Ungarns nicht magyarischen Namens über die heimischen politischen Institutionen, und es wird sich etwa constatiren lassen, dass ausser den Juden und ihrem Magyar Izraelita egylet keine der andern Nationalitäten nicht magyarischer Zunge für die staatsrechtlichen Institutionen Ungarns, — mögen sie der Geschichte oder der Neuzeit angehören, — sich so sehr ereifern oder begeistern, und auch nicht so wie die Magyaren oder ihre Tagespresse gegen die Februarverfassung entrüsten werde.

Die vor den Ereignissen der Jahre 1848 und 1849 bestandene feudale Verfassung, mit ihren Hauptfactoren der

Legislation und der Municipien war ausschliesslich für die Aristokratie gemacht, und da diese fast ganz dem magyarischen Elemente gehörte, aus ihr der Landtag und die Municipien eben so ausschliesslich zusammengesetzt waren, waren die nicht magyarischen Nationalitäten in der Gesetzgebung und in den Municipien fast ganz ausgeschlossen, es geschah da alles *sine me de me* und fiel natürlich gegen sie aus.

Eben so verhält es sich mit der Verfassung vom Jahre 1848. Wir haben im Capitel VI und VII bei der Besprechung der Mängel dieser Verfassung ersichtlich gemacht, dass nach dem Artikel V 1848, die Landtagswahlen zum Nachtheile der nicht magyarischen Nationalitäten ausfallen müssen, und eine Vertretung dieser Nationalitäten, sowohl in den Municipien als auch in dem Landtage gar nicht existire, oder so schwach ist, dass sie, angesichts der ihr gegenüberstehenden am stärksten vertretenen magyarischen Nationalität, mit ihrer ungeheuer überwiegenden Majorität von Bevölkerung unnatürlich ist, ganz verschwinde, und des Namens einer Vertretung kaum werth ist. Unter solchen Umständen kann es bei den Nationalitäten der Nichtmagyaren für die politischen Institutionen Ungarns weder Herz, noch Sinn, noch Gefühl und am wenigsten jene Begeisterung geben, von welchen die magyarische Tagespresse mit ihren Consorten die Posaune in alle Welttheile bläst.

Wir möchten sogar aus der Schule schwatzen, dass die Entrüstung und der Abscheu, welche man den nichtmagyarischen Nationalitäten gegen die Februarverfassung mit einigen wenigen Ausnahmen andichtet, bei den Serben gegen die politischen Institutionen Ungarns sich wende, und jene verbrüderten politischen Gesinnungen der Magyaren und Serben, mit welchen der Pester-Lloyd und die Tagespresse magyarischer Zunge die Oeffentlichkeit so oft amüsirt, eine Einbildung, die nicht in der Wirklichkeit existirt, oder eine planmässige Operation sei, um die Opposition gegen die Februarverfassung scheinbar zu verstärken. Möge die Tagespresse Ungarns mit allen ihren Zauberkünsten die Oeffentlichkeit über die politischen Gesinnungen der Serben täuschen, möge man die Verheissungen, mit welchen man die Serben besticht, mit Poesien der freisinnigsten Gleichberechtigung versüssen, allem Anscheine nach dürfte jede dieser Operationen eine undankbare Mühe oder Arbeit werden. Manche traurige Erfahrung, manche vom ungarischen Landtage erlittene Rechtsunbild, manche dem serbischen Stamme von da gewordene Demüthigung, oder Kränkung seines Nationalgefühls, hat noch seit den Zeiten der ungarisch-türkischen Feldzüge vom Jahre 1683—1695 den Serben belehrt, dass der ungarische Landtag eine voluminöse Geschichte seiner politischen Leiden sei, und er mehr als eine Ursache habe, sein politisches Schicksal in die Hände dieses Landtages nicht zu legen*). Wir behalten uns vor, diese Frage in ihrem gan-

---

*) In dieser Hinsicht haben eine wesentliche Bedeutung die Worte des Gesetzartikels 27 1791: „Juribus caeteroquin regiae Majestatis circa negotia cleri, ecclesiae, religionis — — — — prout Majestas a gloriosae memoriae Majoribus suis accepit, ita eidem Altefatae Majestati regine porro in salvo relictis. Es leuchtet daraus ein, dass die Serben seit je her kein Vertrauen zum ungarischen Landtage hatten, und stets gestrebt haben, ihre nationalen und confessionellen Angelegenheiten der ungarischen Legislative zu entziehen. Denn darüber ist der damalige Metropolit Stratimirovits, und durch diesen die Vornehmsten der serbischen Nation befragt, und alle waren darin einig, ihr politisches Schicksal den allerhöchsten Händen anzuvertrauen.

zen Umfange breit und tief bei einer andern Gelegenheit zu besprechen, und enthalten uns diesmal jedes weiteren Eingehens in diese Frage.

XV.
Ueber die Politik der Passivität und des Zuwartens.

Jedes Wort, welches einen Grundsatz, eine politische Idee, Meinung oder Doctrin repräsentirt, hat seine Definition. Die Politik des Zuwartens, welche man in Ungarn seit der Auflösung des Landtages von 1861 zur Waffe des Schmollens gegen die Februarverfassung gemacht hat, und die man oft in der Tagespresse vorzeigt, dürfte auf eine Definition um desto mehr Anspruch machen, da sie hierlandes ein stehender Artikel der Tagespolitik geworden ist.

Worin besteht eigentlich die Politik des Zuwartens? Wartet man vielleicht andere Zeiten, und in andern Zeiten andere Verhältnisse, etwa einen Sturm ab, welcher die bestehende öffentliche Ordnung der österreichischen Gesammtmonarchie umstürzen, oder Oesterreich in seinen auswärtigen Beziehungen bedrängen, von einem auswärtigen Feinde zertrümmern und Ungarn verhelfen würde, seine Verfassung von 1848 zu realisiren, und sich von dem österreichischen Staatsverbande loszulösen, dann wäre die Politik des Zuwartens nichts anderes als: „eine Passivität, welche sich nach Stürmen oder Bedrängnissen sehnt, um auf den Ruinen Oesterreichs ein Ungarn als einen selbstständigen Staat mit seinen 1848 neugebauten staatsrechtlichen Einrichtungen erstehen zu lassen, und dies wäre die

Definition der Politik, von welcher hier die Rede ist. Da ist es aber unmöglich, der Erinnerung an jene ehemaligen Zeiten traurigsten Andenkens sich zu erwehren, wo einige mit der damaligen öffentlichen Ordnung unzufriedene Parteigänger in ein Bündniss mit der Türkei traten, türkische Armeen und mit diesen Calamitäten und Tage des Jammers und Elends nach Ungarn einführten, ihr eigenes Vaterland zur Beute der türkischen Sultane und seiner vom fanatischem Hasse gegen die Christenheit erfüllten Armeen machten. Die Verfassung vom Jahre 1848 ist ja auch in Bedrängnissen Oesterreichs abgetrotzt, und verdankt ihr Entstehen der politischen Epidemie und den Stürmen damaliger Zeit. Wir verhehlen uns nicht, und bekennen es offen, dass es uns sehr erwünscht wäre, wenn die Auffassung, auf welcher wir diesfalls die Definition der Politik des Zuwartens begründet haben, unrichtig wäre. Hätte sie aber in unserer diesfalls entwickelten Anschauung ihre Begründung, dann stellt die Tagespresse magyarischer Zunge und ihrer Partei, welche diese Politik erfunden hat, und mit offenem Visier die Lanze für sie bricht, alle ihre Loyalitätsbetheuerungen in ein falsches Licht, und lässt uns an deren Aufrichtigkeit und Wahrheit zweifeln.

Wir können und wollen auch nicht zulassen, dass betreff dieser Politik die ungarische Tagespresse die Trägerin der öffentlichen Meinung Ungarns sei, sonst wären alle seit einiger Zeit aus Ungarn vernommenen, von Betheuerungen der Loyalität strotzenden Adressen nichts anders, als gut gelungene, mit rhetorischen Zierlichkeiten aufgeputzte Zweideutigkeiten, welche im Trüben fischen, aus den Trümmern, aus dem Unglücke Oesterreichs oder dem Umsturze seiner bestehenden öffentlichen Ordnung, aus seinen innern oder auswärtigen Bedrängnissen Nutzen ziehen wollen. Die Loyalität soll mit ihrem Herzen, mit allen ihren Zartgefühlen, mit allen ihren Gedanken, Wünschen und Handlungen der bestehenden öffentlichen Ordnung des Staates angehören, welchem man seine Geburt, sein politisches Leben verdankt, und Alles dawider Strebende oder Handelnde bezweckt den Umsturz dieser Ordnung und heisst Rebellion.

Wäre unsere diesfällige Auffassung und Definition nicht haltbar, bestünde etwa das diesfällige Zuwarten in blossen Visionen oder Hoffnungen, dann wären diese Hoffnungen nichts anderes, als das was Pindar Träume der Wachenden nennt. Wollt ihr euere Hoffnungen aus der Lage unserer Tage, in welche die polnische Frage die Verhältnisse der europäischen Grossmächte geschleudert hat, erträumen? Was könnt ihr da sehen? Habt ihr beschaut die geheimsten, die am feinsten gesponnenen Fäden des Gewebes dieser Politik? Habt ihr diese Fäden so gut gesehen, um bei euerer Politik des Zuwartens nicht zu hazardiren, um nicht Verluste zu beklagen, die sich nie mehr gut machen lassen? War je einem Laien gestattet, in die *Camera obscura* der auswärtigen Politik der europäischen Mächte einen Einblick zu machen? Wer auf das Blatt einer Conjecturalpolitik va Banque spielt, und darauf sein Vaterland setzt, kann es auf einen einzigen Satz verspielen. Ihr habt ja nach dem 20. October 1860 dies nämliche Hazardspiel gewagt. Ihr habt ja mit euerer politischen Kannengiesserei von einer in Caprera neu erstandenen Grossmacht, von ihrem Landen an den adriatisch-österreichischen Küsten; von der Recrutirung einer ungarischen Armee in der Walachei, welche unter den Auspicien der Emigration Oesterreich überrumpeln, und in Scherben schlagen, und auf diesen Ruinen ein Ungarn mit dem Jahre 1848 und einem Buda-Pester Ministerium erstehen lassen wird; Ihr habt auf das Blatt dieser Visionen nach dem 20. October 1860 va Banque gespielt, Ungarn und seine Zukunft darauf gesetzt, und das Ende des Spieles wissen wir Alle.

In Ungarn wird man als Staatsmann begrüsst und gefeiert, wenn man einen leitenden Zeitungsartikel im Geschmacke der radicalen Partei gehalten, eine schöne Rede in Parlamente gesprochen, oder eine Flugschrift über die Rechtscontinuität geschrieben hat. Diese Staatsmänner haben mit dem Gesetzbuche in der Hand eine Politik der Rechthaberei erfunden, und haben aus Ungarn einen unheilbaren Kranken gemacht, wo jede politische Arznei zu Schanden wird.

Die öffentliche Meinung Ungarns muss die politische Meinung aller Landesnationalitäten in sich fassen, sonst ist sie die politische Meinung nur eines Bruchtheiles, wie dies der Fall ist mit jener, mit welcher die magyarische Tagespresse gegen die Februarverfassung Opposition macht. Man wird an maassgebenden Stellen am Ende doch darauf kommen, die Meinung des ganzen Landes und aller seiner Nationalitäten zu erforschen. Man wird über die staatsrechtlichen Institutionen Ungarns die Nationalitäten, und wird sie auch über die Februarverfassung befragen. Es kann daraus wieder eine Woiwodina mit einem aus Ungarn ausgeschiedenen Territorium und nationalen Institutionen erstehen, es kann darauf folgen, auch die Ausscheidung eines rumänischen Districtes für ein rumänisches Capetancat, es kann auch die Ausscheidung eines slovakischen Districtes für die Slovaken und einer deutschen Grafschaft, für die Deutschen Ungarns folgen, diese Ausscheidungen können fast das ganze Territorium Ungarns absorbiren, den Volksstamm der Magyaren in sich aufnehmen, mit seiner Sprache, mit seinen nationalen Traditionen in sich aufsaugen, für immer zu Grabe tragen, und das Ende des Liedes der Politik des Zuwartens kann werden, dass Ungarn in dessen nördlichem Theile auf jenes Territorium beschränkt wird, welches ihm als der specifischen Nationalität angewiesen werden wird, ebenso wie die Serben, Rumänen, Deutschen und Slovaken auf jene Districte beschränkt sein werden, welche ihnen als specifischen Nationalitäten angewiesen sein werden.

Mit dem Rechte, welches diesfalls für die specifischen Nationalitäten streitet, würden bei einer solchen Operation an der Seite der hohen Regierung die Nationalitäten stehen. Kann etwa Ungarn über jene Apparate verfügen, welche geeignet wären, eine solche Operation zu behindern oder zu nichte zu machen, um Ungarn gegen ähnliche Eventualitäten zu beschützen, und unter diesen verhängnissvollen Umständen zu retten? Worin bestünden diese Apparate der Rettung? Etwa in den Aussichten nach Aussen? Seid ihr aus den bisherigen Erfahrungen, seid ihr überhaupt aus allen bisherigen auswärtigen Beziehungen der fremden Mächte nicht genug belehrt worden, dass Oestereich in allen seinen Berührungen mit dem Auslande von diesen mit zartesten Schonungen behandelt wird, dass Oesterreich mit den Westmächten im herzlichsten Einvernehmen stehe, und keine auswärtige Macht sich um welch immer für einen Preis etwa entschliessen werde, wegen der ungarischen Frage Feindseligkeiten gegen Oesterreich zu unternehmen.

Man verabscheut die Februarverfassung, weil sie octroyirt ist. War denn die *Bulla aurea* Ungarns, war die

Magna Charta Englands was anderes, als octroyirte Verfassungen, waren sie was anderes, als Freibriefe, welche den Völkern Ungarns und Englands von ihren damaligen Königen nach deren glücklichen Rückkehr aus Palästina beinahe gleichzeitig octroyirt wurden? Ist die Februarverfassung was anderes, als ein Freibrief, welchen der Kaiser von Oesterreich und König Ungarns und Böhmens seinen ungarischen und nicht ungarischen österreichischen Völkern verlieh, und wenn sie durch einen Beschluss des ungarischen Landtages auch auf Ungarn ausgedehnt wird, wird sie dadurch in die Formen eines Dietalvertrages eingekleidet werden, übergeht in eine staatsrechtliche Institution bilateralen Charakters.

Hätte man sonst was an der Februarverfassung auszustellen, so wolle nicht ausser Acht gelassen werden, dass sie erst nur einige Jahre alt ist. — Diese Jahre ihrer Kindheit berechtigen aber zu den besten Hoffnungen, dass sie gross gezogen, und ausgebildet, die Völker, welche sie mit constitutionellen Freiheiten beschenkt hat, glücklich machen werde. Mit ihr ist das Schicksal der österreichischen Völker in ihre eigenen Hände gelegt. Es liegt nun an ihnen, diesen Freibrief zu pflegen, ihren Verhältnissen und Bedürfnissen anzupassen, und eben so den Interessen und höchsten Rücksichten des gesammtösterreichischen Staates Rechnung zu tragen, für dessen Erhaltung und längste Dauer thätig zu sein, und diese Erhaltung auf die längste Dauer ist nur von gemeinsamen solidarischen Kräften bedingt. Je mehr diese Factoren sich zertheilen, spalten, unter einander bekämpfen, oder in entgegengesetzten Richtungen reiben, desto mehr wird das Leben der Februarverfassung sich aufreiben, desto bedenklicher ihre Dauer, desto düsterer ihre Zukunft sich gestalten. Mit der separatistischen Haltung Ungarns wäre ein namhafter Theil der Kräfte dem gesammtösterreichischen Parlamente entzogen, dessen gemeinsame Kräfte gebrochen, und wenn die Februarverfassung in einem Conflicte mit der Staatsgewalt je unterliegt, würde daran die separatistische Haltung Ungarns die meiste Schuld tragen, und dafür mit den schwersten Verantwortungen sich beladen.

XVI.

Schluss.

Wir nehmen Abschied von unseren Gesinnungsgegnern mit der Bitte, etwaige unangenehme Berührungen uns gütigst nachsehen zu wollen. Wir haben getreu unserer im Beginne dieser Schrift angekündigten und bis an das Ende eingehaltenen Methode Thatsachen sprechen lassen, weil wir dies für die beste Art und Weise halten, nicht nur unsere Ueberzeugungen zu begründen, sondern sie auch Jedem andern einzuflössen. Sind etwa diese Thatsachen unsüss, oder unverdaulich, haben sie Jemanden etwas schwer Verdauliches gesagt, Jemanden schmerzlich berührt, oder gegen uns entrüstet, so möge dies nicht uns, sondern den Thatsachen imputirt werden. Gibt es darunter welche unangenehme Ausdrücke oder Gleichnisse, so möge dies der unerbittlichen Logik der Thatsachen zur Last gelegt werden, welche uns manche Härte entlockten, welche weder in unserer Absicht noch in unserem Willen lag.

Die Aufgabe der Zeilen, welche wir mit dieser unserer Schrift der Oeffentlichkeit übergeben, war: aufzuklären: Aufklärungen dürfen sich von der Wahrheit weder trennen, noch entfernen, noch ihr nahe treten, sonst sind sie etwas anderes als Aufklärungen, und Wahrheiten pflegen oft unsanft und vielmal schmerzlich zu berühren.